AF750035

Collection « L'esprit économique »

fondée par Sophie Boutillier et Dimitri Uzunidis en 1996
dirigée par Sophie Boutillier, Blandine Laperche, Dimitri Uzunidis

Si l'apparence des choses se confondait avec leur réalité, toute réflexion, toute Science, toute recherche serait superflue. La collection « L'esprit économique » soulève le débat, textes et images à l'appui, sur la face cachée économique des faits sociaux : rapports de pouvoir, de production et d'échange, innovations organisationnelles, technologiques et financières, espaces globaux et microéconomiques de valorisation et de profit, pensées critiques et novatrices sur le monde en mouvement...
Ces ouvrages s'adressent aux étudiants, aux enseignants, aux chercheurs en sciences économiques, politiques, sociales, juridiques et de gestion, ainsi qu'aux experts d'entreprise et d'administration des institutions.

La collection est divisée en six séries :

Dans la série *Economie et Innovation* sont publiés des ouvrages d'économie industrielle, financière et du travail et de sociologie économique qui mettent l'accent sur les transformations économiques et sociales suite à l'introduction de nouvelles techniques et méthodes de production. L'innovation se confond avec la nouveauté marchande et touche le cœur même des rapports sociaux et de leurs représentations institutionnelles.

La série *Economie formelle* a pour objectif de promouvoir l'analyse des faits économiques contemporains en s'appuyant sur les approches critiques de l'économie telle qu'elle est enseignée et normalisée mondialement. Elle comprend des livres qui s'interrogent sur les choix des acteurs économiques dans une perspective macroéconomique, historique et prospective.

Dans la série *Le Monde en Question* sont publiés des ouvrages d'économie politique traitant des problèmes internationaux. Les économies nationales, le développement, les espaces élargis, ainsi que l'étude des ressorts fondamentaux de l'économie mondiale sont les sujets de prédilection dans le choix des publications.

La série *Krisis* a été créée pour faciliter la lecture historique des problèmes économiques et sociaux d'aujourd'hui liés aux métamorphoses de l'organisation industrielle et du travail. Elle comprend la réédition d'ouvrages anciens, de compilations de textes autour des mêmes questions et des ouvrages d'histoire de la pensée et des faits économiques.

La série *Clichés* a été créée pour fixer les impressions du monde économique. Les ouvrages contiennent photos et texte pour faire ressortir les caractéristiques d'une situation donnée. Le premier thème directeur est : mémoire et actualité du travail et de l'industrie ; le second : histoire et impacts économiques et sociaux des innovations.

La série *Cours Principaux* comprend des ouvrages simples, fondamentaux et/ou spécialisés qui s'adressent aux étudiants en licence et en master en économie, sociologie, droit, et gestion. Son principe de base est l'application du vieil adage chinois : « le plus long voyage commence par le premier pas ».

La Défense Nationale

© L'Harmattan, 2023

5-7, rue de l'École-Polytechnique, 75005 Paris

http://www.editions-harmattan.fr

ISBN : 978-2-336-41056-2
EAN : 9782336410562

Gérard Duthil
Nicolas Polini

La Défense Nationale

Postface de François Chauvancy

L'Harmattan

Du même auteur :

Ouvrages :

« Les entreprises face à l'encadrement du crédit », Edition L'Harmattan, Coll. Logiques Economiques, 1990, (préface de M. le Professeur C. de Boissieu).

« Les politiques salariales en France », Edition L'Harmattan, Coll. Logiques Economiques, 1993, (préface de M. le Professeur W. Marois).

« Les métamorphoses de l'agriculture française », Edition L'Harmattan, Coll. Logiques Economiques, 1998.

« Le chômage des jeunes en Europe », - G. Duthil, E. Paquet-. Edition L'Harmattan, Coll. Logiques Economiques, 2000.

« Economie du travail et des ressources humaines », Edition L'Harmattan, Coll. Logiques Economiques, 2004.

« Progrès technique et marché du travail », Edition L'Harmattan, Coll. Logiques Economiques, 2006.

« Economie publique et métamorphoses sociales », Coll. Esprit économique, Edition L'Harmattan, 2019.

« Handicap et insertion professionnelle », Coll. Esprit économique, Edition L'Harmattan, 2022.

Introduction

La Défense Nationale est inscrite dans les grandes fonctions régaliennes de l'Etat[1]. De façon générale, le droit régalien désigne l'ensemble des pouvoirs exclusifs de l'Etat et qu'aucune autre entité n'a le droit d'exercer sur son territoire. Ainsi, ces fonctions régaliennes sont des fonctions exclusives de l'Etat qu'il ne peut déléguer à des entités privées.

Ces fonctions sont liées au système politique, quel qu'en soit le régime (dictature ou démocratie, conservateur ou libéral, ...). Elles peuvent être plus ou moins affirmées selon l'Etat, les institutions, l'époque, les crises, ... Cependant trois fonctions apparaissent indissociables de l'autorité étatique, à savoir :

- Définir le droit (cadre juridique et lois) d'une société et rendre la justice de façon à protéger chaque membre équitablement ;

- Assurer la sécurité intérieure et le maintien de l'ordre public sur l'ensemble du territoire par les forces de police et de gendarmerie ;

- Assurer la sécurité extérieure et la défense du territoire en utilisant la diplomatie ou l'armée.

A ces fonctions fondamentales, il faut ajouter trois autres fonctions qui, au fil du temps, ont été déléguées, voire confiées, à d'autres institutions ou au secteur privé :

---

[1] Du latin « regalis » : royal, digne du roi.

- Développer et maintenir en état les infrastructures qui sont sources de bien-être pour toute la population : éducation, santé, accès à l'eau et à l'énergie ;

- Détenir la souveraineté monétaire (le pouvoir d'émettre la monnaie) par le biais de la Banque centrale ;

- Détenir la souveraineté budgétaire par la gestion des finances publiques (l'impôt et les dépenses publiques[2]).

Ces deux dernières fonctions ont été transférées à l'Europe imposant des contraintes supplémentaires aux Etats. Les fonctions régaliennes de l'Etat s'amenuisent donc, et notamment au profit d'entités privées qui gèrent l'eau, les énergies, la santé (cliniques / hôpitaux) ou encore l'enseignement (écoles privées / publiques). Une « marchandisation » de ces activités s'opère progressivement, réduisant d'autant le rôle de l'Etat dans la société. Enfin, un consortium de sociétés privées tente de mettre en place une crytomonnaie ou monnaie virtuelle, le « libra », remettant en cause explicitement une fonction régalienne de l'Etat ou d'une institution liée[3].

---

[2] Le droit d'émettre de la monnaie a été transféré à la banque Centrale Européenne par l'article 104 du traité de Maastricht, repris par l'article 123 du traité de Lisbonne.

[3] Cependant, le ministre français de l'économie, B. Le Maire, a déclaré le 18 octobre 2019 :« Nous n'accepterons pas qu'une firme multinationale privée ait la même puissance, la même puissance monétaire que les Etats souverains … », ce qui conduirait au blocage de cette monnaie en Europe. Y. Mersch, membre du Directoire de la BCE indique, le 2 septembre 2019, que « En fonction du degré d'acceptation du libra et de l'indexation de l'Euro dans son panier de réserve, cela pourrait limiter le pouvoir de contrôle de la BCE sur l'euro, perturber le mécanisme de transmission de la politique monétaire en affectant la position des banques de la zone euro en matière de liquidités et saper le rôle international de la monnaie unique ».

La souveraineté de l'Etat est progressivement remise en cause par le transfert de ces fonctions régaliennes. D'ailleurs, A. Haquet (2004)[4] souligne que « La souveraineté nationale incarne à la fois l'indépendance nationale, l'unité et la continuité de l'Etat puisqu'elle est indivisible et inaliénable, la République dont elle est l'horizon indépassable, la démocratie dont elle est le pouvoir, … Son évocation est devenue fort utile pour dénoncer l'affaiblissement de l'Etat dû aux transferts de compétences, que ce soit en faveur des organisations supranationales ou des collectivités infra-étatiques ».

Il est de ce fait normal que ce concept d'Etat nation soit souvent critiqué, notamment par les partisans d'un fédéralisme européen. Ces derniers y voient une construction politique pour légitimer un Etat centralisé au détriment de la construction d'une structure de gouvernance européenne, voire mondiale.

L'objectif de cet ouvrage est triple : tout d'abord de rappeler les fondements de la Défense Nationale pour le peuple et le territoire national ; ensuite de comprendre l'évolution sur longue période de la Défense Nationale française et, enfin, d'appréhender son évolution future par rapport aux dangers et aux tensions qui dominent dans le monde actuel. Depuis l'effondrement de l'URSS et en fonction de deux périodes contrastées, l'armée française a évolué à la fois par sa forme, ses objectifs et ses missions.

La conclusion du général Chauvancy met en évidence quelques enseignements du conflit russo-ukrainien, utiles pour la reformulation de la stratégie française et européenne de défense du territoire.

---

[4] A. Haquet (2004), Le concept de souveraineté en droit constitutionnel français, p. 55, PUF.

Sommaire

La Défense Nationale :

Choix de la nation ou de la société

Toutefois, le concept de Défense Nationale, présenté comme une des fonctions fondamentales étatiques, conduit à préciser un certain nombre de notions. Tout d'abord, il est intéressant de réfléchir sur l'idée de nation, de patrie. Ces notions peuvent apparaître simples et pourtant elles ont fait l'objet de débats importants au cours du temps. Ensuite, il convient de réfléchir sur les différences entre les notions de nation et de société. A partir de critères précis, nous verrons que les périmètres de ces deux entités ne se recouvrent que très rarement et souvent dans des circonstances exceptionnelles (exemple, période de l'après-guerre). Enfin, la réflexion sur la Défense Nationale peut s'inscrire dans une logique économique qui conduit à l'accepter comme un bien public ou sous tutelle.

§ 1 - Nation et Défense Nationale

Définir la Défense Nationale conduit à définir tout d'abord le concept de nation.

1.1 – La nation, issue de notre Histoire

La nation peut être définie comme « une entité abstraite, collective et indivisible, distincte des individus qui la composent, et titulaire de la souveraineté ». Cette définition pose le problème de la détermination de l'entité. Depuis la Révolution française de 1789, la nation est l'ensemble des citoyens détenant la puissance politique, d'où l'idée de souveraineté du peuple français. La Déclaration des Droits de l'Homme et du Citoyen de 1789 affirme que « Le principe de toute souveraineté réside essentiellement dans la nation »[5]. Ainsi, les trois notions de peuple, nation et Etat se superposent, la nation rassemble le peuple qui a délégué sa souveraineté à l'Etat. De même, le titre I du texte de la constitution de 1958 affirme que « Le peuple français proclame solennellement son attachement (…) aux principes de la souveraineté nationale tels qu'ils ont été définis par la Déclaration de 1789, … ».

Dans cette logique, la Nation se définit encore comme « un ensemble d'individus vivant dans un même territoire, ayant une communauté d'origine, d'histoire, de culture, de traditions, voire de langues, et constituant une communauté politique »[6]. La nation est donc un système de valeurs (résumé en une devise : « Liberté, Egalité, Fraternité », représentée par des symboles (drapeau, emblème, hymne national) et reposant sur un contrat social implicite entre ses membres.

La nation rassemble une communauté politique établie sur un territoire défini. Elle est personnifiée par une autorité souveraine (l'Etat). La nation est alors un Etat (Etat-nation), dont les citoyens forment un peuple, qui s'est créé à partir d'une histoire commune, d'une identité commune, exprimant sa volonté et représenté par un pouvoir souverain légitimé. La plupart du temps, une nation s'est construite dans la violence, la force, la guerre. Ce concept est le résultat de l'instauration d'un ordre politique et juridique (l'Etat) et d'un ordre identitaire (la nation). Le peuple se rassemble autour d'une communauté politique et culturelle.

L'historien et philosophe E. Renan donne, en 1887, une conception volontariste de la nation. « La nation est une

---

[5] Déclaration des Droits de l'Homme et du Citoyen, art.3, 26 août 1789

[6] Définitions du dictionnaire Larousse

âme, un principe spirituel (…). L'une est dans le passé, l'autre dans le présent. L'une est la possession en commun d'un riche legs de souvenirs, l'autre est le consentement actuel, le désir de vivre ensemble, la volonté de continuer à faire valoir l'héritage qu'on a reçu indivis ».

Cette conception, reposant sur l'histoire et le consensus collectif, écarte totalement les concepts de nation et de gouvernance de l'Etat. La nation repose sur tous les grands principes, les règles qui l'ont progressivement fondée, sur une tendance séculaire définissant son évolution dans le long terme. La gouvernance de l'Etat conduit à des ajustements politiques à court terme, à des arbitrages face aux évolutions de l'environnement. La nation veut une armée conséquente pour se défendre et y a consacré, depuis des siècles, des sommes considérables pour être une des premières puissances militaires dans le monde. Mais l'Etat, endetté, doit réduire son coût global au détriment de sa sécurité interne et externe.

Le religieux H.D. Lacordaire, en 1860, indiquait que « Le gouvernement n'est pas la nation, encore moins la patrie ». De même, l'écrivain et historien P. Mérimée soulignait, en 1844, que « Les lois ne font pas les nations, elles sont l'expression de leur caractère ». La nation se construit donc sur un socle historique qui a rassemblé un peuple autour d'un contrat commun ; les gouvernants ne sont que les représentants du peuple dont la fonction est d'assumer les fonctions régaliennes qui leur sont accordées.

Ainsi, les gouvernants doivent veiller à pérenniser le consensus, les grands principes et règles qui ont façonné la nation, même si la société évolue sous de multiples événements politiques, économiques, sociaux, …

En 1963, l'écrivain J. Paulhan affirmait que « Une nation périclite quand l'esprit de justice et de vérité se retire d'elle ». Une nation doit être juste puisqu'elle repose sur un contrat entre tous ses membres. Elle se différencie de la société qui, elle, doit être une organisation efficiente. La société peut se définir comme l'organisation politique, institutionnelle, économique et sociale sur un territoire donné, à un moment donné.

Ainsi, l'homme d'État, E. Herriot notait, en 1946, que « Les nations ont le sort qu'elles se font. Rien d'heureux ne leur vient au hasard. Ceux qui les servent sont ceux qui développent leur force profonde ». Les hommes d'Etat doivent donc s'appuyer sur ce socle commun pour dynamiser et faire progresser la nation. Ils n'ont ni le droit, ni une raison d'atténuer ou de faire disparaître la nation pour laisser la place à la seule société dont les fondements sont extrêmement instables par manque de cohésion et de cohérence interne forte.

Cependant, la souveraineté de l'Etat s'affaiblit au cours du temps au fur et à mesure que l'idée de nation se dissout. Toutefois, comme l'écrivait R. Carré de Malberg[7] (1920), « dans son acception propre, la souveraineté, c'est le caractère suprême d'une puissance. Or, il est clair qu'une puissance suprême ne peut pas appartenir sur le même territoire à deux États à la fois.

L'idée même de puissance la plus haute exclut toute possibilité de partage. La souveraineté est entière ou elle cesse de se concevoir ». De ce fait, G. Jellinek[8] (1913) affirmait qu'il ne peut exister « de souveraineté partagée, fragmentée, diminuée, limitée, relative ».

---

[7] R. Carré de Malberg (1920), Contribution à la théorie générale de l'Etat, tome I, p.139.

[8] G. Jellinek (1913), L'Etat moderne et son droit : théorie juridique de l'Etat, vol. II, Paris, p.157.

1.2 – Défense européenne et souveraineté

Et pourtant, l'État français moderne, né des deux guerres mondiales, a accepté une première limitation à la souveraineté (l'Organisation des Nations Unies). Une deuxième limitation vient de l'intégration européenne.

Suite à la folie meurtrière de régime allemand pendant la seconde Guerre Mondiale, « l'organisation de la paix devient un objectif éminent. Le principe de souveraineté ne saurait empêcher sa réalisation »[9]. D'ailleurs, la loi fondamentale allemande de 1949, par son article 24, dispose que pour « sauvegarder la paix, la Fédération peut adhérer à un système de sécurité collective ; elle consentira à cet effet aux limitations de souveraineté amenant et garantissant un ordre pacifique et durable en Europe et entre les peuples du monde ». De ce fait, l'Allemagne fédérale d'après-guerre se soumet à sa démilitarisation, à l'occupation et à la défense de son territoire par les puissances étrangères occidentales (Etats-Unis, France, Grande-Bretagne). De même, la constitution italienne de 1947, par son article 11, spécifie que la nation « répudie la guerre comme atteinte à la liberté des autres peuples et comme solution des controverses internationales ; elle consent, à condition de réciprocité par les autres Etats, aux limitations de souveraineté nécessaires à un ordre qui assure la paix et la justice au sein des nations ; elle aide et favorise les organisations internationales qui poursuivent un tel but ». En France, les préambules des constitutions de 1946 et 1958 reconnaissent la possibilité de « limitation de souveraineté nécessaire à l'organisation et à la défense de la paix ».

Ainsi, la Charte des Nations Unies du 26 juin 1945 proclame que « Les membres de l'Organisation règlent

---

[9] A. Haquet (2004), Op. Cit, p. 56.

leurs différends internationaux par des moyens pacifiques » (art. 2, al. 3) et « s'abstiennent, dans leurs relations internationales, de recourir à la menace ou à l'emploi de la force » (art. 2, al. 4).[10]

Le deuxième élément limitatif de la souveraineté nationale vient de l'intégration volontaire d'un pays à un territoire (ou zone) plus vaste (la France dans l'union européenne). Le pays perd, au profit de l'union, certaines fonctions régaliennes (Cf. introduction), mais aussi une certaine autonomie dans ses politiques, dont la politique de Défense Nationale.

La construction européenne vise à créer « une union sans cesse plus étroite entre les peuples de l'Europe » (art.1, TUE). Cependant, les traités communautaires ne reconnaissent pas l'existence d'un peuple européen ou d'un Etat européen. De ce fait, même si les députés européens sont élus au suffrage universel, ils ne sont que les représentants des peuples des Etats de la communauté européenne. Il n'existe pas donc de souveraineté européenne, laissant à chaque Etat son autonomie nationale.

Toutefois en 1992, la création d'un corps de réaction rapide européen (Eurocorps) marque une étape importante vers la mise en place d'une Politique Européenne de Sécurité et de Défense (PESD). Cependant, peut-il être considéré comme une armée européenne ?

L'Eurocorps peut être considéré comme l'amorce d'une armée européenne puisqu'il a une structure, une capacité de décision et une capacité d'action. Ces caractéristiques le définissent comme un instrument au service d'une souveraineté supranationale européenne. L'Eurocorps est

---

[10] Pour des développements sur ces différents points, Cf. A. Haquet (2004).

la seule structure militaire multinationale au service de l'UE et de l'OTAN. Son caractère multinational lui permet d'ailleurs d'accroître son interopérabilité entre les forces armées des Etats membres[11], ce qui est une condition de coopération efficace des différentes armées dans le cadre du maintien de la paix et de la gestion de crise. Il peut aussi devenir une structure ouverte éventuellement à d'autres unités étrangères, selon les opérations envisagées. « En effet, pour des raisons budgétaires, d'une part, et en fonction de la spécificité de chaque mission, d'autre part, la flexibilité et la modularisation devaient être facilitées : le prélèvement de module de force soit de l'OTAN, soit d'autres Etats membres de l'UEO/UE est tout à fait imaginable à terme »[12]

L'Eurocorps répond en fait à des transformations structurelles de l'environnement européen. Le traité de Maastricht, en supprimant toutes les frontières entre les Etats membres, ouvre donc la libre circulation des individus, européens ou non, dans la communauté. La nouvelle stratégie de l'OTAN doit faire face à des menaces durables du sud et de l'est, terroristes ou hybrides. Elle doit guider la prise de décision militaire des alliés et fournir aux autorités militaires de l'OTAN une référence politique définitive permettant de mener à bien sa mission fondamentale : la défense des populations des différents pays[13]. L'effondrement en 1989 du bloc

---

[11] Cinq pays y participent : France, Allemagne, Belgique, Luxembourg, Espagne

[12] A. Dumoulin (2018), « Eurocorps : socle d'une défense européenne intégrée », Revue Sécurité et Stratégie, Centre d'étude de sécurité et de défense de l'Institut Royal de défense, Bruxelles, avril.

[13] La déclaration du général d'armée aérienne britannique Peach, le 22 avril 2019.

communiste nécessite une plus grande sécurisation et stabilisation du territoire européen[14].

Toutefois, de nombreuses constatations montrent que l'Eurocorps ne peut être considéré comme l'amorce d'une armée européenne.

« Du point de vue géopolitique, la multinationalisation, via l'Eurocorps, crée des solidarités politiques et alimente l'écheveau des liens entre les Etats alliés, consolide indirectement autant la structure de la PESD que celle autour de l'Alliance Atlantique. Cependant, l'Eurocorps n'a jamais trouvé sa place dans le dispositif de l'Union européenne, ni dans le dispositif euro-atlantique ». Il n'est pas le corps d'entrée lorsqu'une mission ou opération européenne est déclenchée. Sur le plan juridique, l'Eurocorps n'est pas directement associé à l'UE. Les Etats membres mettent donc à disposition des forces, tout en gardant leur contrôle. Il ne se produit aucune délégation de souveraineté.

Ainsi l'Eurocorps ne serait « ni le produit d'une intégration politique préexistante, ni l'instrument de naissance d'une Europe politique ; il est plutôt un élément de kaléidoscope d'intentions et de réalités inter-reliées de manière non linéaire et fortement contingentes, au sein desquelles la création d'une force multinationale européenne non intégrée à l'OTAN constitue pour les deux gouvernements au pouvoir en ce moment un atout dans leur stratégie d'adaptation à l'environnement et le prolongement des représentations de la construction européenne qui sont dominantes parmi les forces

[14] Par exemple, l'intervention dans les Balkans (Bosnie Herzégovine) en 1998.

politiques et sociales qui soutiennent et influencent ces deux gouvernements »[15], [16].

Toutefois, les années 2010 ont marqué une avancée dans l'idée de force européenne. Sur le plan militaire, en 2012, 50% du personnel de l'Eurocorps fut engagé à Kaboul (Afghanistan) dans les structures de conduite des opérations au sein des états-majors de l'ISAF. En 2015, l'Eurocorps a reçu mandat pour conduire la mission EUTM au Mali, premier engagement sous l'égide de l'UE.

Sur le plan technique, le 18 janvier 2016, l'Eurocorps a signé une lettre d'intention avec l'état-major de l'UE. Cette lettre avait pour objectif d'améliorer l'échange d'information, la mutualisation de la formation et de l'entraînement, de renforcer l'efficacité de la réaction en cas de crise et, à long terme, d'intégrer l'Eurocorps dans les opérations de gestion de crise de l'UE. De plus, les ministres italiens de la Défense et de la sécurité intérieure ont soutenu cette même année que le développement d'une « force européenne multinationale, avec des fonctions et un mandat établis conjointement, dotée d'une structure de commandement et de mécanismes décisionnels et budgétaires communs »[17] était nécessaire.

Il en résulte ainsi que la Défense nationale, inscrite dans les fonctions régaliennes de l'Etat, aura un statut différent si de l'Union, l'Europe devient une Fédération. Dans le cas de l'union, la nation reste le détenteur de sa Défense Nationale. L'armée est un élément de gouvernance de l'Etat. Chaque Etat, par son armée, se doit de défendre son

---

[15] E. Renacle (1996), "L'expérience de l'Union de l'Europe occidentale comme fondement pour une défense européenne intégrée dans l'UE, Thèse de doctorat, Université libre de Bruxelles.

[16] Les deux gouvernements sont les gouvernements français et allemand.

[17] Le Monde du 10 août 2016.

territoire ou d'intervenir sur un territoire donné pour y maintenir la paix (exemple, la France intervenant au Mali par les opérations Serval ou Barkhanes dans un but politique, de sécurité et de développement du territoire malien). Dans le cas d'une fédération des Etats, les armées nationales sont intégrées dans une structure européenne (armée européenne). Les pays ne peuvent intervenir en leur seul nom ; seule une intervention collective ne peut être qu'envisagée et au nom de tous les Etats fédérés (exemple, les armées américaines ou russes intervenant en Iraq ou en Syrie, le font au nom de la fédération des Etats qui la composent - Etats-Unis ou Russie -). Si dans le cas d'une union, la souveraineté nationale en matière de Défense nationale est préservée, dans le cas d'une fédération, la souveraineté de chaque Etat n'est plus autorisée et relève d'une entité supranationale.

§ 2 - Nation et société

La nation repose donc sur un ensemble de valeurs communes. Or, celles-ci ne s'appliquent pas, ou au plus partiellement, au concept de société. La société peut se définir comme un ensemble de relations fondées ou sur un accord réciproque ou spontanées et soumises à des rapports de pouvoir. Six grandes valeurs sont associées à la nation :

- Le système politique est le mode d'organisation de l'Etat. Il peut prendre diverses formes telles que le totalitarisme, l'autoritarisme monarchiste, la démocratie. Cette dernière est le système dans lequel la souveraineté est attribuée au peuple (ensemble des citoyens) qui l'exerce le plus souvent de façon indirecte en confiant à leurs représentants le pouvoir de légiférer et de prendre des décisions importantes, pendant un temps déterminé (le mandat électoral). Cette forme de gouvernement convient à la fois à la nation et à la société. Cependant, cette dernière, de par son organisation, peut limiter le fonctionnement démocratique. Le système politique conduit à prendre des décisions, en contradiction parfois avec la volonté de la majorité des citoyens. Installés au pouvoir pour un mandat, les actions des gouvernants sont le plus souvent prises en fonction de l'électeur médian[18]. Prenons un exemple précis en admettant un processus de choix binaire (Défense nationale – droite - ou pas de Défense – gauche -). Si on admet une règle de décision à la majorité et sous certaines conditions (uni-modalité des préférences et distribution des dispositions marginales à payer[19]), alors le choix social correspond à l'optimum de l'électeur médian. Dans cette situation où deux cas extrêmes s'opposent, les partis ont intérêt à essayer de s'approprier les électeurs du centre, en négociant et trouvant des arrangements. De ce fait, ils convergent au centre jusqu'à ce que ces électeurs deviennent indifférents. Les électeurs du centre, en basculant d'un côté ou de l'autre, deviennent un ensemble essentiel à capter par les autres partis politiques. Dans les années 1970 et 1980, l'absence de conflits armés a conduit les démocraties européennes à affirmer la désutilité pour une société d'une armée puissante. Les pouvoirs publics ont alors commencé à diminuer très fortement les effectifs militaires et les investissements, politique qui s'est accélérée au milieu de la décennie 2000. Cependant, les électeurs du centre peuvent eux-aussi faire le choix de rejoindre un des deux partis sans que celui ne fasse de concessions. Suite aux attentats terroristes en France, les citoyens ont exprimé leur confiance dans l'armée et ont demandé plus de protection interne et accepté, sur le fond, de nombreuses

[18] Cf. A. Downs (1957) *An Economic Theory of Democracy*, New-York, Harper and Row

[19] Cf. le paragraphe suivant pour la définition des dispositions marginales à payer.

interventions extérieures. Face aux dangers politiques, militaires, économiques, sociaux, … l'histoire a déjà montré des déplacements d'opinions vers des partis extrêmes dans de nombreux pays européens, notamment dans les années 1930 (le « National Socialisme » en Allemagne, Autriche, Italie, …).

- Les droits de l'homme[20], dans la vision occidentale, sont des droits universels (fondés sur la raison collective) et inaliénables (acquis de façon irréversible), Ils constituent un des fondements de la nation. L'Etat est tenu d'assurer la protection de ces droits, de les respecter et de les faire respecter. Parmi les droits fondamentaux, deux catégories peuvent être distinguées, à savoir : les libertés individuelles (« pouvoir faire tout ce qui ne nuit pas à autrui ») et les libertés politiques (de réunion, de résistance à l'oppression, de vote, …). S'ajoutent ensuite des droits plus spécifiques comme le droit à l'éducation, le droit au travail, à la sécurité sociale [21] Les libéraux qualifient ces derniers droits de faux droits car l'Etat ne peut les satisfaire qu'en imposant à d'autres de le faire. L'exemple du droit au travail est intéressant puisque chacun a le droit de vivre de son travail, mais cela suppose que l'Etat impose à d'autres personnes physiques ou morales l'obligation de proposer du travail à ceux qui n'en ont pas (l'obligation est alors contraire au droit individuel). Ainsi, la nation reste intégratrice alors que la société, via l'organisation de marchés, est exclusive. Elle ne garantit que partiellement les droits de l'homme.

---

[20] Cf. la Charte des Nations Unies (1945) et la Déclaration Universelle des Droits de l'homme (1948) définissent des droits et des dispositifs permettant de surveiller l'application et les violations.

[21] La loi du 19 mars 1993 affirme que « Tout homme a droit à sa subsistance par le travail s'il est valide ; par des secours gratuits s'il est hors d'état de travailler. Le soin de pourvoir à la subsistance d'un pauvre est une dette nationale »

- L'état de droit implique la prééminence du droit sur le pouvoir politique dans un Etat nation et que tous, gouvernants et gouvernés, doivent se soumettre à la loi. L'état de droit suppose donc l'existence de juridictions indépendantes, compétentes pour trancher les conflits entre les personnes en appliquant les principes de légalité et d'égalité. Si la nation ne fait pas apparaître d'opposition entre l'Etat et les citoyens, la société peut être une aire de lutte entre l'affirmation de la souveraineté de l'Etat et la détermination d'une sphère inviolable autour d'une personne physique ou morale. L'exemple de l'entrée éventuelle d'une cryptomonnaie sur un territoire donné montre les luttes possibles entre le pouvoir étatique (souveraineté) et le pouvoir économique associé à un consortium d'entreprises (liberté).

- Le patriotisme correspond à un attachement, à un désir, à une volonté de se dévouer pour la nation, voire de se sacrifier pour la défendre. La nation est un mythe, une construction imaginaire qui fonde ses pratiques sociales en fonction des valeurs fondamentales d'une communauté dans le but d'atteindre sa cohésion. La société est une pratique de tous les jours qui peut relier plusieurs groupes avec des valeurs différentes ou même divergentes. La société ne demande aucun attachement, aucun sacrifice particulier ; elle peut même autoriser des comportements de « passagers clandestins »[22].

- L'identité nationale est le sentiment qu'éprouve une personne (identité personnelle) à faire partie d'une nation (identité collective). Il y a intégration de l'identité collective dans l'identité personnelle. L'identité nationale désigne également l'ensemble des caractéristiques communes des individus qui estiment appartenir à la

[22] G. Duthil (2019), *Economie publique et métamorphoses sociales*, L'Harmattan

même nation. La société est une somme d'individus (ou de groupes d'individus) dont les valeurs, les comportements, les objectifs sont différents ou divergents. Plus la société est exclusive (les sociétés libérales) et plus une segmentation de celle-ci s'exerce, déstructurant cette identité collective. De même, plus les flux d'individus n'ayant pas les mêmes valeurs, cultures ou comportements, sont importants et plus la dilution de l'identité collective s'opère. Alors même que les grandes entreprises deviennent mondiales et que le capital est géré de façon planétaire (globalisation financière), les peuples recherchent à se raccrocher aux concepts de nation, d'identité nationale. C'est un moyen de se sécuriser face à un océan que même les Etats semblent ne plus maîtriser, faute de réponse à la crise sociale et de l'emploi[23]. Mais, dans le même temps que l'identité nationale s'estompe, les identités régionales réapparaissent en force. Ce renouveau des identités régionales répond à plusieurs défis : - La reconstruction d'un espace ayant eu par le passé les mêmes valeurs (les basques, les bretons, ...) de façon à préserver cette identité ; - Le rejet de l'Etat central qui n'écoute pas ou ignore les demandes, les problèmes de ces espaces régionaux ; - Les inégalités régionales accrues …

- La nation est liée au devoir de responsabilité collective, c'est-à-dire à l'exigence de répondre de certains actes ou d'assumer ses engagements. Cette responsabilité collective a pour conséquence le devoir de réparer un préjudice que la nation aurait causé à une personne ou à un autre peuple. La responsabilité collective se heurte à la difficulté d'imputation de la responsabilité. Il est alors facile d'opposer les deux concepts de nation et de société. Dans une nation, la continuité de la responsabilité collective se

[23] Cf. les conflits locaux au Moyen Orient ou en Amérique du sud et les tensions sociales en France avec le mouvement des « gilets jaunes ».

réalise à travers les générations puisque celles-ci sont liées par la culture, les institutions, l'idéal collectif, …Ainsi, la responsabilité collective est forte et ancrée dans les comportements individuels. La société est constituée de groupes d'intérêt qui s'efforcent de capter à leur profit des avantages spécifiques indépendamment de l'intérêt général, voire de reconstruire la culture à leur image ; la responsabilité collective se réduit à la somme des actions et des responsabilités de chacun de ses membres. Elle est donc faible car diluée dans une somme de comportements convergents ou divergents. Ainsi, dans une situation de crise (guerre), la nation rassemblera les individus autour de la finalité commune alors que la société divisera ses membres en fonction de leurs objectifs personnels par rapport à l'objectif collectif.

Tableau 1 : Nation versus société

Critères de distinction	Nation	Société libérale
Régime politique	Démocratie = Peuple souverain	Démocratie = Dictature de l'électeur médian
Droit de l'homme	L'Etat garantit les droits fondamentaux et spécifiques	La société ne garantit pas les droits spécifiques
Etat de droit	La liberté est contrainte par la loi	La liberté assurée par le marché
Patriotisme	Attachement à la nation	Inexistence du patriotisme
Identité nationale	Forte	Faible
Responsabilité collective et devoirs	Forte	Faible

De même, la nation traite également chaque citoyen, alors que chaque membre d'une société n'a pas le même pouvoir et est traité différemment. Il se confronte ou se soumet à des groupes de pression, à des pouvoirs politiques, économiques ou sociaux.

Finalement, il n'est que de courtes périodes (comme par exemple, l'après-guerre) où il existe une quasi correspondance entre la nation et la société, venant de l'unanimité des comportements, des volontés et des objectifs de chacun. La plupart du temps, la nation reprend toute sa dimension lorsqu'un dirigeant charismatique, ayant apporté une vision collective au peuple, le réunissant, et une grandeur à l'État, … est au pouvoir (comme par exemple, le général de Gaulle au lendemain de la deuxième Guerre Mondiale).

En revanche, la monarchie constitutionnelle affirme la dissociation totale entre la nation et la société. Par exemple, au Royaume-Uni, le souverain apporte une vision très conservatrice de la nation en étant le père qui veille sur ses sujets (le peuple). En parallèle, le chef du gouvernement gère une société aux fondements très libéraux, réunissant divers groupes sociaux, diverses communautés, … dont les objectifs sont non convergents.

§ 3 - L'approche économique de la Défense Nationale

Selon une approche économique, la Défense Nationale est considérée comme un bien collectif pur. Cependant, il peut être assimilé à un bien sous tutelle.

3.1 – La Défense Nationale : un bien collectif pur

Un bien collectif pur se caractérise par deux propriétés :

- La non compétitivité des quantités consommées : tous les citoyens d'un territoire national sont protégés collectivement et indissociablement. Cette propriété dite de non rivalité suppose que le bien a une utilité (apporte la satisfaction d'être protégé) pour un individu sans avoir la moindre conséquence sur les avantages qu'en retirent les autres.

- La « non exclusion » des citoyens est assurée par sa gratuité. En effet, le paiement d'un prix risquerait d'empêcher certains individus d'être protégés (par exemple, par la gendarmerie) par manque de moyens financiers. Il faut rappeler que la gratuité est incompatible avec les exigences d'une offre privée. En effet, si le coût marginal de satisfaction de cette protection d'un citoyen supplémentaire est nul, le coût total de production de la Défense Nationale est très élevé. Ainsi, le financement ne pouvant être fait directement chaque citoyen, il doit être opéré indirectement par l'impôt, prélevé par l'Etat.

Il faut noter que la solidarité potentielle des citoyens dans la demande de ce bien collectif qu'est la Défense Nationale, s'analyse également comme une courbe d'offre de co-financement pour tous les autres citoyens, demandeurs potentiels de ce bien. La forme croissante de la courbe de coût marginal ne contredit pas le fait que le coût marginal d'un bien collectif soit nul puisqu'il convient de distinguer deux types de coût, à savoir : - le coût marginal de production technique de ce bien n'est pas nul, compte tenu de la sophistication croissante des armements utilisés dans la Défense Nationale. Le coût marginal est donc croissant. Plus la collectivité souhaite être protégée, plus cette demande coûte en termes de fonctionnement (salaires des militaires par exemple) ou d'investissement (prix du matériel de protection) En revanche, le coût marginal de satisfaction d'un citoyen supplémentaire protégé par ce bien collectif est nul. Le bien collectif, une fois qu'il a été produit pour satisfaire les premiers demandeurs, se trouve ensuite en position de « déversement ». Ce bien collectif dispose donc d'une capacité d'accueil de demandeurs potentiels supplémentaires. Il permet d'accroître la satisfaction (utilité) issue de la demande de protection, à un nombre croissant de citoyens, à un coût marginal nul. Ainsi, il est logique de le fournir gratuitement.

Tout le problème pour l'acquisition d'une unité supplémentaire d'un bien collectif, consiste à déterminer la disposition marginale à payer de chaque citoyen. Elle représente ce qu'un individu serait a priori disposé à payer – s'il y était contraint – pour avoir accès à une unité de plus de bien collectif. Cette disposition à payer dépend de l'utilité marginale que l'individu espère retirer personnellement de l'accès au bien collectif. En notant $\mathrm{dim}(X)$ la disposition marginale à payer de l'individu « I » pour une quantité « X » de bien collectif, la somme des dispositions marginales à payer des différents individus s'écrit :

$$\Sigma \mathrm{dim}(X)$$

Cette somme représente ce que la collectivité dans son ensemble serait prête à dépenser pour disposer d'une unité supplémentaire de bien collectif.

Finalement, pour déterminer le nombre optimal d'unités de biens collectifs à produire, il suffit de comparer la somme des dispositions marginales à payer et le supplément de coût engendré par la production d'une unité supplémentaire de bien collectif, soit son coût marginal technique de production.

Un bilan marginal coûts / avantages est fait pour la collectivité. Deux situations sont alors possibles :

- Si la somme des dispositions marginales à payer est supérieure au coût marginal technique correspondant, alors la production du bien collectif doit être augmentée puisque l'avantage collectif, à en attendre, dépasse le coût supplémentaire à engager.

- Inversement, si le bilan marginal collectif est négatif, alors il faut réduire la production du bien collectif puisqu'elle induit une perte d'utilité inférieure à la diminution du coût de production correspondant.

Tableau 2 : La production optimale d'un bien collectif

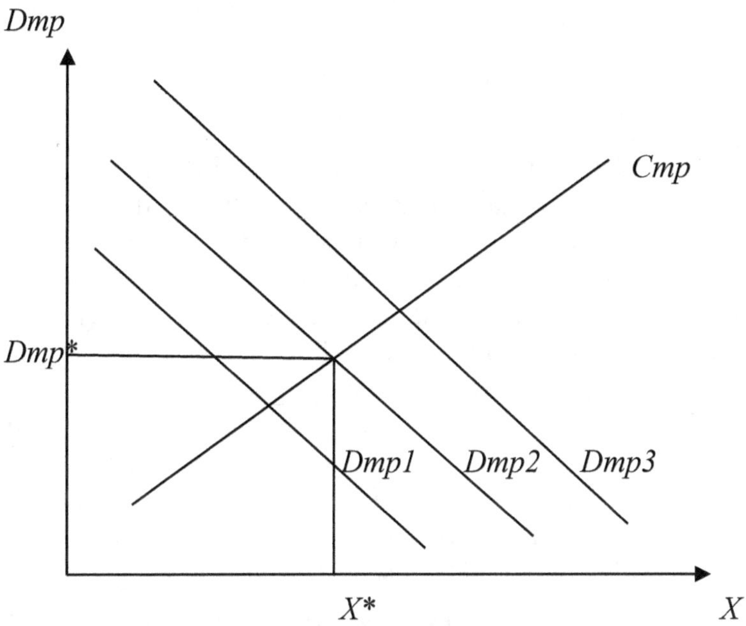

Ainsi, la production optimale du bien collectif est déterminée par l'égalité du coût marginal technique de production et de la somme des dispositions marginales à payer des différents utilisateurs du bien collectif. Dans ce cas, le solde du bilan marginal collectif est nul :

$$\Sigma \dim(X*) = Cm(X*)$$

définissant la production optimale du bien.

D'un point de vue théorique, la détermination de la quantité de biens collectifs (Défense Nationale) à produire a été définie.

L'intervention de l'État est indispensable puisque, en l'absence de prix associés aux biens collectifs, les coûts liés à la production de ces biens ne peuvent être couverts que par l'impôt. C'est donc à l'Etat de prendre en charge cette production de biens collectifs et de demander à chaque individu de payer une juste contribution fiscale. Cette dernière doit être égale à sa disposition marginale à payer ou à l'utilité marginale que l'individu attend de son accès au bien collectif

Cependant, l'Etat est dans l'incapacité de mesurer ces dispositions marginales à payer des individus. Au mieux, il peut les évaluer a priori ou en référence aux comportements passés. Cette incapacité de l'Etat provient de la deuxième caractéristique des biens collectifs (la non exclusion des consommateurs). Pour les biens collectifs, toute exclusion, par les prix, s'avère techniquement impossible car, une fois le bien produit, il profite automatiquement à tous les consommateurs potentiels. L'offre est donc indivisible. Tous les citoyens, qu'ils aient participé ou non au financement, bénéficieront de ces actions collectives de Défense Nationale.

La conséquence majeure de cette impossibilité d'exclusion est que les consommateurs potentiels de biens collectifs n'ont aucun intérêt personnel à révéler leurs préférences. Individuellement, chaque individu a le même intérêt à cacher ses préférences réelles pour les biens collectifs. Chacun va donc chercher à bénéficier « silencieusement », donc gratuitement, de l'accès à des biens collectifs payés par les autres. Ce comportement de « passager clandestin » ou de « cavalier libre » a intérêt à être joué par chaque individu. Mais si tous adoptent la même attitude, la production du bien collectif ne sera jamais réalisée faute de pouvoir être financée. La situation risque d'être bloquée puisqu'en matière de financement des biens collectifs, les individus ont collectivement intérêt à être solidaires ; mais individuellement, ils ont intérêt à clamer le contraire. Aucune décision collective ne peut donc émerger spontanément de ce jeu non coopératif.

Compte tenu de notre fonctionnement institutionnel et démocratique, c'est donc le pouvoir politique qui va décider, directement et pour l'ensemble de la collectivité, de la nature et de la quantité de biens collectifs à produire et à mettre gratuitement à la disposition de tous.

Toutefois, l'Etat n'a pas de préférences étatiques propres. Il est dit « transparent », dans le sens où il ne fait qu'exprimer les préférences des individus qu'il représente. L'Etat ne sert que d'intermédiaire technique entre chacun des agents individuels et la collectivité qu'ils constituent. Le gouvernement prend au nom de la collectivité des décisions que les individus ne peuvent ou ne veulent pas prendre eux-mêmes.

De ce fait, l'Etat a pour rôle de reconstituer, artificiellement (institutionnellement et politiquement) ce que fait le marché. Toutefois, deux conditions doivent être réunies, à savoir : - il faut une institution qui joue le rôle de « décideur unique ». L'Etat dispose pour cela d'un pouvoir gouvernemental ce qui lui permet de parler au nom de tous. – La décision que prend l'Etat est forcément politique puisqu'il n'a pas de préférences propres. Ce fait le conduit à fixer une valeur à des dispositions individuelles à payer que tout le monde ignore, y compris l'Etat.

Ce système de décision suppose donc le recours à une forme d'intuition politique qui suppose la mise en œuvre d'une responsabilité à caractère politique. Ainsi, c'est le passage périodique devant les électeurs qui permet – en principe – de vérifier, certes a posteriori, que les choix politiques, faits par le décideur public unique, sont bien conformes aux attentes profondes des individus électeurs ou de la majorité de ceux-ci.

3.2 – La Défense Nationale : un bien sous tutelle

La Défense Nationale peut être également assimilée économiquement à un bien sous tutelle. Un bien sous tutelle de l'Etat est un bien dont les consommateurs potentiels n'ont pas spontanément conscience de l'utilité qu'ils leur apportent, par manque d'information ou par manque d'expérience. Ce fait s'explique par trois raisons principales :

- La complexité du produit : comme les forces d'intervention sont hétérogènes (notamment armée de terre, de l'air et la navale), la Défense Nationale prend de multiples formes à travers les missions et objectifs qui lui sont confiés : surveillance et maintien de la sécurité sur le territoire national, lutte contre le terrorisme « vigipirate[24] », intervention directe à l'étranger « opération barkhane »[25], maintien de la paix sur un autre territoire, protection des populations, approvisionnement en nourriture, formation des militaires,…

- L'éloignement dans le temps ou le caractère indirect de la satisfaction qu'un bien procure ; la sécurité du territoire à l'intérieur et aux frontières de l'Etat est un élément de protection de la population assurée par

---

[24] Le plan « vigipirate » a trois objectifs : vigilance, prévention et protection, en associant tous les acteurs nationaux : Etat, collectivités territoriales, opérateurs publics et privés et les citoyens.

[25] L'opération « Barkhane » est une opération militaire menée au Sahel et au Sahara qui vise à lutter contre les groupes armés salafistes djihadistes dans la région. Elle associe les armées française et britannique et des troupes des pays voisins du Mali.

l'armée. Elle lui procure une satisfaction (utilité) qui est difficilement évaluable que ce soit à court, moyen ou long terme.

- La faible fréquence d'utilisation du bien sur le territoire national ; fort heureusement, la France n'a pas connu de guerre sur son territoire depuis la fin de la deuxième guerre mondiale, même si elle a connu les guerres de décolonisation. Avec la croissance d'après-guerre et la fin de la guerre froide, l'idée même de conflit armé s'est amenuisé et a conduit à un désarmement assez important des nations européennes.

L'idée générale qui inspire la mise sous tutelle de certains biens est le fait que l'absence d'intervention étatique conduirait à une divergence entre la satisfaction attendue par les consommateurs avant leur choix (Faut-il une Défense Nationale ?) et celle qu'ils éprouveront après leur choix (la Défense Nationale (n') est (pas) nécessaire !). Le passage d'un temps à l'autre est conditionné par les caractéristiques des citoyens qui peuvent être considérés comme « myopes » ou « immatures » ou tout simplement « mal informés ». L'Etat a, en ce sens, un rôle pédagogique indispensable afin que les citoyens comprennent l'importance de leur choix. Cette situation conduit à un « paternalisme d'Etat »

Pour conclure, la Défense Nationale ne peut être qu'un bien sous tutelle d'un État nation, nation considérée comme une et indivisible. Elle reste sous l'autorité du Président et est issue du peuple qui en attend sa protection. D'ailleurs, le 3 novembre 1959, le général de Gaulle affirmait dans un discours à l'école militaire : « Si un gouvernement perdait sa responsabilité essentielle qu'est la défense du territoire et de son peuple, il perdrait du même coup, sa justification ».

Bibliographie

R. Carré de Malberg (1920), *Contribution à la théorie générale de l'Etat*, tome I, Paris.

A. Downs (1957), *An Economic Theory of Democracy*, New-York, Harper and Row.

G. Duthil (2019) *Economie publique et métamorphoses sociales*, éditions L'harmattan.

A. Haquet (2004), *Le concept de souveraineté en droit constitutionnel français*, PUF.

M.F. Jarret, F.R. Mahieu (1998), *Economie publique : théories économiques de l'interaction sociale*, Ellipses.

G. Jellinek (1913), *L'Etat moderne et son droit : théorie juridique de l'Etat*, vol. II, Paris.

Les stratégies militaires françaises :

Du positionnel vers l'opérationnel

Depuis la fin du XIXème siècle (défaite de 1870), l'armée française n'avait qu'un seul horizon : l'Est. Les forces militaires françaises étaient concentrées sur le quart nord-est de la France. L'ennemi allemand se trouvait sur la crête des Vosges de 1871 à 1914, puis sur le Rhin de 1918 à 1939. Les troupes étaient concentrées dans les villes de garnison, avec leurs grandes casernes et leurs importants camps de manœuvres. De nombreuses fortifications sont construites, dont la ligne Maginot, renforçant la défense du territoire à l'Est, du nord au sud. Face à ce danger allemand, l'industrie militaire fut fortement implantée dans le centre et surtout le sud-ouest de la France (l'artillerie à Bourges, les armes à feu à Saint-Etienne, l'aéronautique à Bordeaux et Toulouse).

§ 1 – Une stratégie de position : la ligne Maginot

A la fin des années 1920, les gouvernements et l'état-major militaire considéraient que le positionnement défensif correspondait mieux au contexte (défaite de l'Allemagne et reprise de l'Alsace-Lorraine) que d'envisager des opérations militaires actives. C'est pourquoi la France se lance dans la construction d'une « fortification permanente »[26] sur toutes les régions de l'Est.

---

[26] La ligne de fortification permanente porte le nom du ministre de la guerre André Maginot qui a obtenu le vote de la loi de financement des régions fortifiées en décembre 1929.

1.1 - Les fortifications face à l'Allemagne

Cette ligne répondait à de multiples objectifs, à savoir :

- La France veut privilégier le recours diplomatique plutôt que des réponses militaires aux tensions avec l'Allemagne et l'Italie.

- Face à la situation démographique catastrophique de l'après-guerre, l'Etat souhaite « économiser » ses troupes.

- Une défense hors territoire est refusée, poussant les allemands, en cas de conflit, à passer par la Belgique ou la Suisse et provoquant ainsi l'intervention du Royaume-Uni, garant de la Belgique.

- La France veut également protéger ses bassins industriels et ses grandes terres agricoles du nord-est.

Cette immense ligne de fortification, s'étalant à l'Est du nord au sud, devait être constituée de quatre parties distinctes, à savoir :

- La « ligne des avant-postes » dont l'objectif était de détecter et de retarder une attaque ;

- La « ligne principale de résistance » était matérialisée par un réseau de rails antichars et de barbelés. Cette zone pouvait être protégée par des tirs de mitrailleuses provenant des casemates et d'artillerie des gros ouvrages ;

-La « ligne des abris d'intervalles » des troupes combattantes permettaient de les protéger dans des casernes souterraines (par exemple, le fort de Douaumont intégré dans le système Séré de Rivières) ;

- « L'arrière du front » abrite les postes de commandement et l'ensemble du soutien logistique (réseau de téléphone, centre de soins, dépôts de munitions, carburant, ...).

Ces fortifications étaient donc adaptées à une attaque traditionnelle (véhicules légers d'attaque et infanterie), même si au milieu des années 1930, des blocs tourelles (mitrailleuses lourdes et canons antichars) viennent compléter notamment les casemates de Pamart (blocs d'infanterie). Les différents ouvrages sont enterrés à 30 mètres de profondeur pour être à la fois protégés et peu visibles. Seuls les entrées et les blocs de combat sont visibles de l'extérieur. Ils sont également autonomes (dortoirs pour la troupe, cuisine et réserve de vivres, infirmerie, groupes électrogènes, munitions, …) et reliés par des galeries souterraines.

Cependant, pour des raisons essentiellement budgétaires, cette ligne de fortifications n'a pas été tout à fait conforme aux projets initiaux, lui ôtant une certaine homogénéité. Si les matériaux comme le béton, l'acier ou le cuirassement, étaient utilisés par dizaines de milliers de mètres cube ou de tonnes pour construire un ouvrage tel que celui de Ronchonvillers ; il faut également ajouter le coût de l'armement de la ligne de fortifications (mitrailleuses et canons de 75 mm pouvant tirer 30 coups par minute). Les travaux de fortification ont commencé à la frontière avec l'Italie (montée du fascisme et de Mussolini dans les années 1920). L'ouvrage de Rimplas commence en 1928 dans les Alpes. Puis, les ouvrages de Rochonvillers, Hackenberg et Hochwald dans le nord-est, sont construits de 1929 à 1933. A partir de 1934, un nouveau programme de fortifications s'ouvre dans la Sarre française (face à l'Allemagne) et autour de Montmédy (face à la Belgique). Au total, cinq milliards de francs ont été dépensés de 1930 à 1936 pour la défense du territoire, représentant 1.6 % du budget annuel de l'Etat.

Toutefois, les fortifications les plus conséquentes, s'arrêtent à la lisière du massif des Ardennes, jugé « impénétrable » par des forces mécanisées, selon le maréchal Pétain. De même, la frontière avec la Belgique n'a été que peu fortifiée de 1929 à 1934. A cette date, deux secteurs fortifiés sont construits, secteur de l'Escaut et de Maubeuge. Mais, le 14 octobre 1936, la Belgique se déclare neutre et rend l'absence de fortifications militaires frontalières inquiétante, entraînant la construction de 1937 à 1940 d'un front continu de casemates et de « blockhaus ». Le Rhin était considéré « infranchissable », défendu par trois lignes de casemates, d'abord sur les berges du fleuve (ligne de berge), puis un peu plus en arrière (ligne d'abris) et enfin par une ligne de villages.

Trois niveaux d'alerte pouvaient être mise en œuvre sur la ligne de fortification :

- La mise en alerte dès que des tensions apparaissaient avec l'Allemagne. Les structures de fortification sont alors occupées en une heure par les militaires de l'active. La moitié de l'armement est mis en service. Ce fut le cas lors de la remilitarisation de la Rhénanie, de l'anschluss avec l'Autriche ou de la crise des sudètes.

- L'alerte renforcée implique le rappel des réservistes frontaliers permettant la mise opérationnelle de l'ensemble de l'armement.

- La mise en sûreté implique le rappel des réservistes non frontaliers affectés aux unités de forteresse.

L'alerte renforcée est ordonnée le 24 août 1939, avec ordre de couverture générale entrainant la mobilisation de 25 divisions le long de la frontière. Le 3 septembre 1939, la France déclare la guerre à l'Allemagne.

Les armées restent sur leurs positions respectives début septembre ; seule l'armée française s'engage du 9 au 21 septembre, dans l'offensive de la Sarre. Toutefois le 10 mai 1940, la Wehrmacht attaque le Luxembourg, la Belgique et les Pays-Bas et, du 13 au 15 mai, le secteur

Tableau 3 : La ligne de fortification des frontières

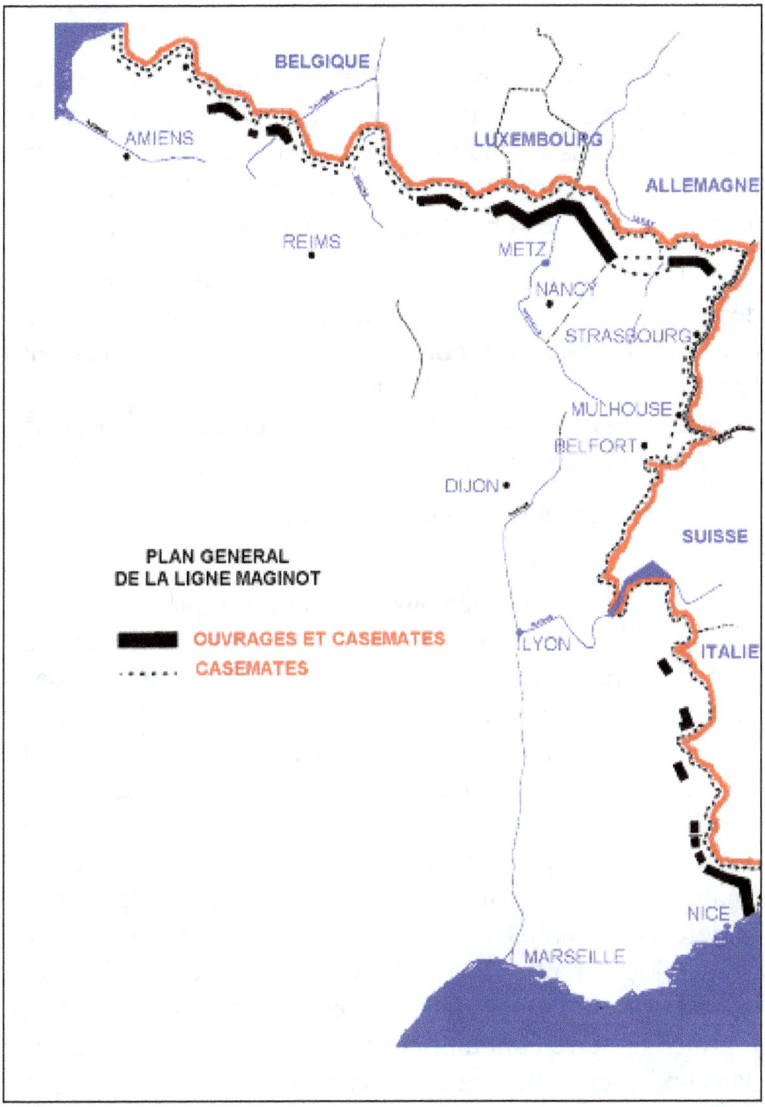

des Ardennes, lui permettant d'éviter les secteurs les plus fortifiés de la ligne Maginot. En moins d'un mois, les troupes allemandes ont encerclés ou pris les fortifications.

L'armistice est signé le 22 juin 1940 entre la France et l'Allemagne et le 24 juin entre la France et l'Italie, laissant la pleine possession aux armées adverses des ouvrages de fortification, constituant des structures de résistance allemande lors de la libération du territoire en 1944.

Si la défaite de 1940 bouscule l'armée française, cette dernière connaît des ajustements sans transformation majeure. L'armée du nord-est perd de sa prestance en supportant le poids de la défaite de 1940 et l'armée coloniale devient l'élément clé de la renaissance et de la reconstruction de l'armée de libération.

1.2 – La stratégie de positionnement pendant la Guerre froide

La défaite de l'Allemagne et sa démilitarisation font qu'à partir de 1945, le danger recule « à deux étapes du tour de France », disait le général de Gaulle, dans la trouée de Fulda. Cette dernière était une région de faible altitude située sur la frontière des deux Allemagnes. Elle pouvait être le théâtre d'opérations de grande envergure de la part des forces blindées du pacte de Varsovie. La région était de plus stratégique car elle est proche de Francfort, cœur financier de l'Allemagne de l'Ouest et base stratégique de la défense militaire de l'OTAN. L'Europe, partagée entre deux blocs, rentre alors dans une guerre froide ; les démocraties à l'Ouest face au régime soviétique à l'Est. L'armée de terre était alors déployée face aux soviétiques, dans une éventuelle « guerre presse bouton ».

La guerre froide[27] correspond à une période de plus ou moins fortes tensions géopolitiques entre les Etats-Unis et ses alliés européens d'une part et l'URSS et ses Etats satellites de l'Est. Les origines de la guerre froide sont multiples et s'accumulent avec le temps et les circonstances.

- A l'issue de la Révolution d'octobre 1917, le régime politique, de la nouvelle « Union soviétique » née en 1922, s'oppose, notamment par son idéologie, au modèle démocratique et libéral des Etats-Unis, rendant ainsi leurs relations difficiles. Si de 1922 à 1940, l'URSS a pour ambition de consolider son régime, sa victoire face à l'Allemagne nazie fait d'elle la puissance de l'Europe de l'Est, en contrôlant un ensemble vaste de pays satellites. Les Etats-Unis, dirigés par le Président H. Truman, se lancent dans une politique de propagation de leur modèle et de défense de leurs intérêts économiques.

- Pendant la Guerre, les alliés[28] contre l'Allemagne nazie, s'étaient entendus sur la nécessité d'instaurer « une organisation générale internationale pour la sauvegarde de la paix et de la sécurité »[29]. Ce fut acté le 26 juin 1945 par l'approbation par 51 pays de la Charte des Nations Unies, texte fondateur de l'Organisation des Nations Unies (ONU). Son principal objectif était de préserver les générations futures du fléau de la guerre qui, par deux fois en l'espace d'une vie humaine, a infligé à l'humanité d'indicibles souffrances »[30]. Son organe le plus important

---

[27] Le terme « cold war » a été employé par l'écrivain britannique George Orwell en 1945 dans un article intitulé « You and the atomic bomb »

[28] Les alliés contre l'Etat nazi constituent la « grande alliance » : Etats-Unis, Royaume-Uni et URSS

[29] ONU « Histoires des Nations Unies : Conférences de Dumbarton Oaks et Yalta ».

[30] ONU « Charte des Nations Unies ».

est le Conseil de sécurité qui compte 5 membres permanents[31], dotés d'un droit de veto[32], sur les 10 membres. Cette disposition limite fortement le pouvoir de l'ONU en bloquant toute résolution défavorable aux intérêts d'une des cinq puissances. L'après-guerre voit se ternir l'espoir d'une coopération entre les deux grands, instaurant un climat de suspicion et d'incertitude, notamment des Etats-Unis vis-à-vis des véritables objectifs de développement géopolitiques et économiques de l'URSS.

- La transformation du Monde s'établit progressivement dans l'après-guerre. En Europe de l'Ouest, les années de guerre ont conduit à de multiples privations (libertés, alimentation, progrès de vie, ...). Les aspirations des peuples les conduisent à soutenir des partis de gauche et notamment le parti communiste. La période de reconstruction et de croissance des économies a été propice au développement d'une idéologie plus égalitaire et plus protectrice des peuples. Aussi, face à une opportunité pour l'URSS de prendre le contrôle des économies de l'Ouest, par l'arrivée d'une gauche plus radicale, les Etats-Unis se retrouvaient dans la situation où ils perdaient la partie la plus riche et consommatrice de sa zone d'échange. Le développement économique devient un facteur clé dans la compétition entre les deux superpuissances. Dans les économies occidentales européennes, l'Etat devient progressivement un acteur économique et social majeur. Il renforce son rôle d'Etat protecteur en atténuant les effets d'une économie libérale pure (système de protection sociale et développement du système éducatif). A l'opposé, l'URSS et ses Etats

[31] Les 5 membres permanents sont : les Etats-Unis, l'URSS, la Chine, la France et la Grande-Bretagne.

[32] Le droit de veto est une disposition mise en place à la conférence de Yalta sur l'insistance de Staline.

satellites de l'Est doivent avant tout se reconstruire tant sur le plan urbain qu'industriel. Les biens y sont rares et la satisfaction des besoins individuelle est différée. Ainsi, les Etats-Unis ont toute latitude pour organiser le Monde sur des bases cohérentes avec leur système économique (libéral) et financier (le dollar US devient la monnaie d'échange international)[33]. Dans ce cadre, l'URSS ne pouvait ratifier ses accords. De plus ses dirigeants étaient convaincus de l'effondrement à terme du système capitaliste et de la supériorité d'un Etat centralisé. Aussi, les Etats-Unis veulent assurer un développement conjoint et stable avec l'Europe occidentale en favorisant les échanges, notamment par une baisse des tarifs douaniers[34].Les Etats-Unis renforcent, par ces différentes structures, leur position économique et financière dominante dans le Monde.

- La course aux armements nucléaires, menée par les deux superpuissances, montre l'exacerbation des tensions. Chaque partie y consacre des ressources considérables. L'arme nucléaire a été utilisée par les Etats-Unis en 1945 à Hiroshima et Nagasaki. Ils étaient alors la seule puissance à posséder ce type d'arme stratégique. En 1949, l'URSS accède à ce niveau, ce qui fait de la dissuasion nucléaire un élément clé des relations internationales. Par conséquent, les anciennes puissances coloniales européennes (France et Royaume-Uni) ou encore la Chine se dotent d'une force nucléaire pour garder leur rôle ou se

---

[33] Les accords de Bretton Woods, en 1944, créent un nouvel ordre économique et financier mondial, créé autour du dollar US et de la création du Fond Monétaire International et de la Banque Internationale pour la Reconstruction et le Développement, instituant un système de parité fixe des monnaies nationales par rapport au $.

[34] Un Accord Générale sur les Tarifs douaniers et les Echanges (GATT) est signé par 23 pays, sous l'égide des Etats-Unis en octobre 1947

hisser au niveau international. Ainsi, un stock d'armes conventionnelles et nucléaires tactiques est déployé sur le territoire européen par les deux alliances majeures, à savoir : à l'Ouest, l'OTAN et à l'Est, le pacte de Varsovie. Les années 1950 montrent à la fois la vulnérabilité des Etats-Unis face à une attaque nucléaire et la crainte de chacune des deux puissances d'être mise en situation d'infériorité. Si toutefois, les Etats de l'Europe de l'Ouest ont, au début, bénéficié du « parapluie atomique américain » à travers l'Alliance atlantique, ils ont vite recherché leur propre protection (France). Ainsi, la guerre froide et l'armement nucléaire auront peut-être épargné à l'Europe un troisième conflit mondial encore plus dévastateur.

Tableau 4 : Prolifération des armes nucléaires

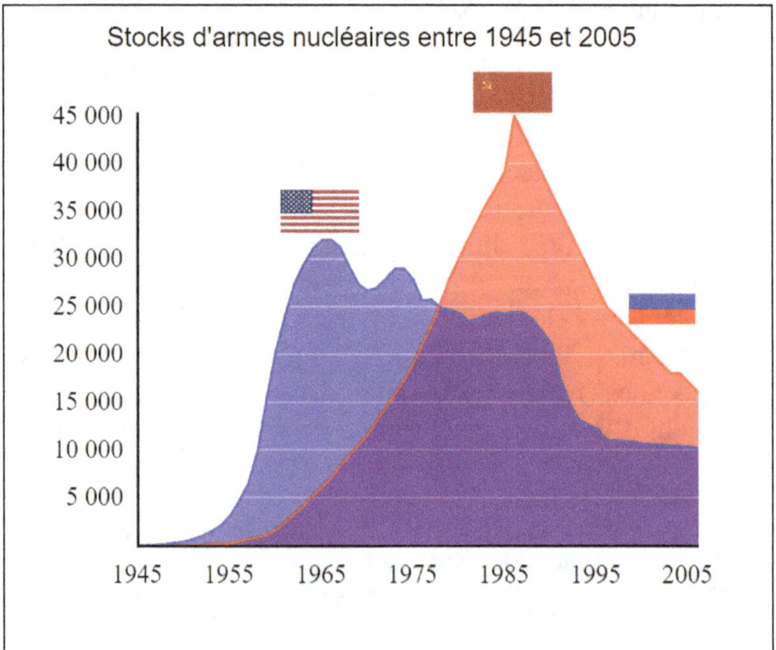

Les divergences entre les deux blocs s'affichent dès la fin de la seconde Guerre Mondiale, en ce qui concerne l'Allemagne. L'URSS entreprend une politique de dénazification en internant plus de 120 000 personnes dans des camps spéciaux jusqu'en 1950. Par la suite, l'URSS change de stratégie en réutilisant des milliers d'agents du IIIème Reich dans l'administration, la justice et la police de l'Allemagne de l'Est. Les alliés de l'Ouest adoptent une politique de rééducation et d'indulgence vis-à-vis des « suiveurs » du régime nazi. Sur le plan économique, l'URSS veut que l'Allemagne soit sévèrement punie de ses crimes en redevenant un pays agricole et sans industrie lourde tout en versant des réparations de guerre élevées[35]. A l'opposé et face à la menace communiste alimentée par la misère des peuples allemand et de l'Ouest européen, les Etats-Unis souhaitent une restauration rapide de l'Etat allemand. Le plan Marshall[36] devient le programme de relèvement de l'Europe, et notamment de l'Allemagne de l'Ouest, par des mesures financières massives. Sur le plan militaire, en 1947 et 1948, la France accepte la division de l'Europe en s'inscrivant pleinement dans la logique des alliés. Elle accepte l'idée de fusion de la zone d'occupation française avec la bizone anglo-américaine, formant ainsi la « trizone » et débouchant sur la formation d'un Etat allemand. Elle participe également à des négociations pour la mise en place d'une alliance de sécurité collective en Europe avec les Etats-Unis (Traité de l'Atlantique Nord. La partition de l'Allemagne[37] acte donc la création d'un rideau de fer entre les deux blocs.

De là, le Monde devient un théâtre de tensions plus ou moins fortes entre les deux blocs. La fin des empires coloniaux européens pousse les deux superpuissances à

---

[35] Plan Morgenthau de 1944

[36] Le plan est présenté en juin 1947 par le secrétaire d'Etat de H. Truman, le général G. Marshall.

[37] L'Allemagne est divisée en deux, à l'ouest la République Fédérale d'Allemagne et, à l'est la République Démocratique d'Allemagne

vouloir « conquérir », au moins politiquement des pays ou zones stratégiques. Si les premières tensions apparaissent très vite en Méditerranée orientale (guerre civile en Grèce, 1944-1945 ; crise turco-soviétique, 1945-1946) ou encore au Moyen Orient (crise irano-soviétique, 1946), l'expansion communiste s'accélère en Asie de 1945 à 1954. Elle se concrétise par des guerres contre les anciens pays colonisateurs (Corée, Indochine, Viet Nam, ...) et des guerres civiles, aboutissant notamment à la naissance de la Chine populaire, dirigée par Mao Zedong. Ces tensions se propagent sur les différents continents dans les années 1950 -1960.

Tableau 5 : Le face à face en cinq périodes

1945-1956	Constitution des deux blocs Niveaux politique et économique
1957-1963	Face à face nucléaire La guerre pacifique
1964-1975	Détente et effritement des blocs Indépendance des pays européens de l'Ouest vis-à-vis des Etats-Unis
1975-1985	Nouvelles tensions en Europe Crise des euromissiles
1985-1992	Effritement progressif du bloc soviétique « Leadership mondial » des Etats-Unis

En conclusion de ce paragraphe, il faut noter que l'armée française doit s'adapter à la prédominance des deux superpuissances qui opèrent dans le Monde. Si pendant la première moitié du XXème siècle, l'armée française avait pour objectif principal de défendre le territoire français, le début de la deuxième moitié constitue un tournant avec deux objectifs distincts. Elle doit toujours défendre le territoire (positionnement), mais aussi s'engager dans les guerres de décolonisation (opérations extérieures). De même, si elle était auparavant complètement autonome dans la conduite des combats (commandement français), elle se retrouve plus contrainte, au lendemain de la deuxième Guerre Mondiale, notamment dans sa mission d'occupation de l'Allemagne de l'Ouest avec son intégration dans la trizone.

Cependant, la fin des années 1980 crée les conditions d'une transformation brutale de l'armée française.

§ 2 – Les conditions géopolitiques de transformation de l'armée française

Les années 1990 vont nécessiter et créer les conditions de la restructuration des armées françaises. La transformation géopolitique du monde en est l'acteur essentiel, poussant l'armée à être opérationnelle à l'extérieur de nos frontières.

L'effondrement de l'URSS[38], l'implosion de la Yougoslavie et la première guerre du Golfe en furent les éléments moteurs.

Le 11 mars 1985, Mikhaïl Gorbatchev est élu secrétaire général du Politburo avec pour objectif de relancer l'économie soviétique. Mais l'état de l'économie était tel qu'il ne nécessitait pas des ajustements ponctuels, mais une réforme globale et en profondeur des structures politiques, économiques et sociales. Sur le plan politique,

---

[38] L'Union des Républiques Socialistes Soviétiques

M. Gorbatchev nomme des politiques plus jeunes, comme N. Ryjkov (politburo), E. Chevardnadze (ministre des affaires étrangères, B. Eltsine et L. Zaïkov au secrétariat du comité central du parti communiste de l'Union soviétique (PCUS) ou encore N. Talyzin au comité de planification (Gosplan).

Toutefois, dans ce cadre d'apparente « libéralisation » politique, certaines républiques expriment rapidement des volontés d'indépendance.

Certes, cette situation avait été envisagée dès 1903 par les bolcheviks (garantie du droit des peuples à l'autodétermination), ainsi que dans les différentes constitutions soviétiques de 1924 (art. 4), de 1936 sous Staline (art.17) ou encore de 1977 sous Brejnev (art. 72).

Cependant, aucun mécanisme ne définissait le processus de retrait ou de sécession. De plus, les constitutions affirmaient que la loi fédérale dominait les lois locales. Il faut attendre 1990, pour qu'une loi précise les modalités du retrait d'une république de l'URSS.

2.1 - Les pays baltes et le vacillement de l'URSS

En 1944, les pays baltes sont intégrés de force dans l'URSS ; à partir de 1988, ces républiques, et notamment l'Estonie, réclament leur indépendance. Alors que M. Gorbatchev avait relâché le contrôle soviétique sur les républiques de l'Europe de l'Est (Pologne, Tchécoslovaquie), il fait savoir que toute tentative de séparatisme des pays baltes se heurterait à des embargos, voire à l'utilisation de l'armée.

En Lettonie, le groupe de défense des droits de l'Homme (CTAG) est né sous le nom d'Helsinki 86. Ce fut la première organisation d'opposition au régime soviétique et a constitué un exemple pour les mouvements indépendantistes dans les autres républiques de l'URSS.

Tableau 6 : Les deux blocs dans la Guerre froide

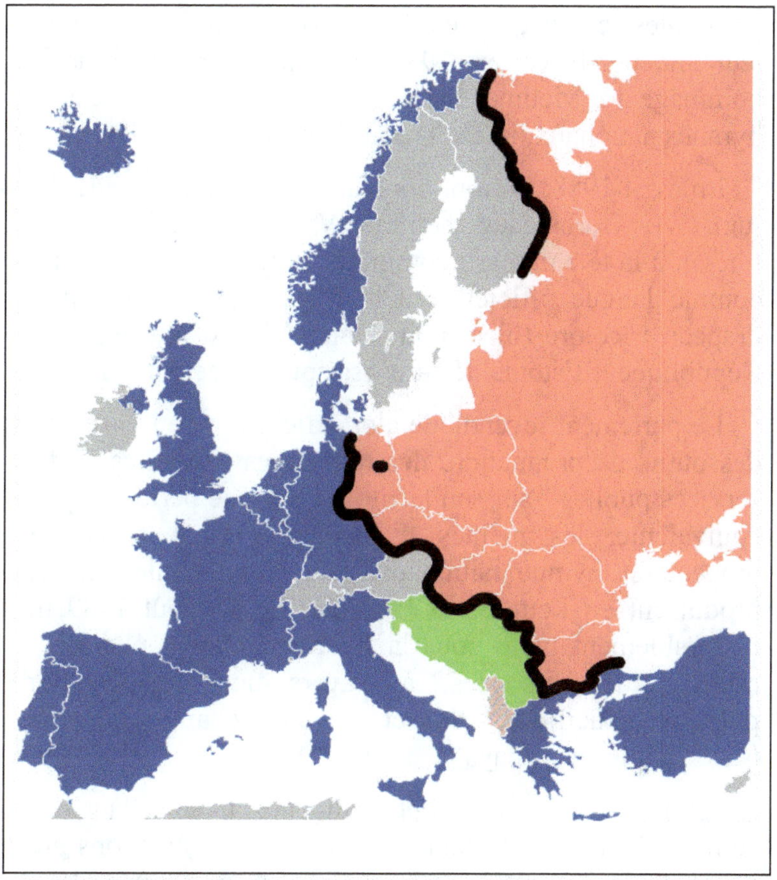

- Bloc de l'Ouest, pays de l'OTAN
- Bloc de l'Est, pays du pacte de Varsovie
- Rideau de fer (ligne noire)
- Pays neutres (surface grise)
- Mouvement des non-alignés (vert)

Le 23 août 1987, dans les trois capitales baltes, des manifestations marquèrent le 48ème anniversaire des protocoles secrets du pacte Hitler -Staline qui mirent fin à leur indépendance en 1939. Les manifestants rendent hommage aux victimes baltes du Stalinisme et chantent les hymnes nationaux, interdits sous la période soviétique.

En avril 1988, le front populaire estonien est fondé. En juin, M. Gorbatchev nomme V. Väljas, relativement libéral, à la tête du parti communiste. Il légalise l'estonien comme langue officielle de la République et rétablit le drapeau tricolore (bleu, noir, blanc). Le 16 novembre, la République d'Estonie déclare[39] sa souveraineté nationale.

Le parlement revendique alors la gestion de l'ensemble des outils de production, des ressources naturelles et des services publics[40] sur son territoire. Sur une période à près équivalente, les mêmes événements (front populaire, drapeau et hymne nationaux, langue nationale, ...) se produisent en Lettonie et Lituanie. Le 23 août 1989, le rassemblement balte pour la liberté permet à plus de 2 millions de personnes, à travers une manifestation politique pacifique, de créer une chaîne humaine traversant les trois pays[41].

En 1989, les mouvements nationaux indépendantistes, comme Sajudis en Lituanie, remportent les élections aux congrès des députés du peuple. Le printemps 1990 consacra le rétablissement des États baltes.

---

[39] Le soviet suprême de la RSS d'Estonie adopte une déclaration de souveraineté nationale.

[40] Administrations publiques, transports, banques, ...

[41] Le 23 août commémore l'anniversaire du pacte Molotov-Ribbentrop, pacte condamné par la sphère politique en décembre 1989.

En quatre ans, les républiques baltes obtiennent leur indépendance sans intervention militaire de Moscou, sans effusion de sang, ... une évolution en douceur vers l'indépendance des pays baltes vis-à-vis de l'URSS. Le modèle de transition vers l'indépendance a constitué un schéma pour d'autres républiques de l'URSS. A l'opposé, en Asie centrale, la transition politique fut souvent plus violente et les manifestations réprimées dans le sang (Kazakhstan, de 1986 à 1989 ; Caucase, Azerbaïdjan, Arménie, 1988 ; Géorgie, Ouzbékistan, 1989).

2.2 - L'effondrement de l'URSS

M. Gorbatchev, en 1985 avait pour mission de relancer l'économie soviétique, en passant par une libéralisation des structures économiques, sociales et politiques. Cet espoir de libéralisation favorisa l'émancipation des soviétiques, et notamment des russes. En janvier 1987, il propose une nouvelle politique de démocratisation de la société avec des élections libres. Il accroît radicalement la transparence (glasnost) de l'information à travers des médias libres d'aborder tout type de sujets.

Le 10 septembre 1987, Boris Eltsine démissionne du politburo et rentre en opposition à M. Gorbatchev. Il lui reproche la lenteur des réformes. Bien que Gorbatchev l'accuse « d'immaturité politique » et « d'irresponsabilité absolue », Eltsine gagne en popularité comme « personnage anti-establishment ». En 1988, M. Gorbatchev crée un nouveau corps législatif, le congrès des députés du peuple, et entame des changements constitutionnels pour isoler les opposants conservateurs du parti communiste. Par les élections du 26 mars 1989, la démocratisation du système politique reste encore très limitée. Le taux de participation électorale était de 89,8% et 1958 sièges sur les 2200 du C.D.P. furent pourvus. Même si la plupart des candidats soutenus par le PCSU furent élus, plus de 300 candidats indépendants devinrent députés dont B. Eltsine, A. Sakharov, A. Sobchak. Bien-sûr les communistes conservent le contrôle du C.D.P., toutefois les réformateurs utilisent l'entité pour débattre et critiquer. Ces élus, à la fois nationalistes et libéraux, ont alors joué en Russie un rôle essentiel dans les réformes et la dissolution de l'Union soviétique.

Le 25 octobre 1989, le soviet suprême vote la suppression des sièges spéciaux du parti communiste et d'autres organisations officielles lors d'élections nationales et locales. Il instaure également l'élection au suffrage universel direct des présidents des républiques de l'Union. Le 7 février 1990, le comité central du PCUS accepte la recommandation de M. Gorbatchev de renoncer à son monopole sur le pouvoir politique. Ainsi, lors des élections libres de 1990, les réformateurs et les nationalistes ethniques remportèrent de nombreux sièges. Le PCUS perd les élections dans six républiques où les indépendantistes deviennent majoritaires (Lituanie, Estonie, Lettonie, Moldavie, Arménie, Géorgie). Le 4 mars 1990, la république socialiste fédérative soviétique de Russie tient des élections « libres » pour le CDP de Russie. B. Eltsine est élu député et devient, le 29 mai 1990, le président du Soviet suprême, soutenu par les démocrates et les conservateurs. Le 12 juin 1990, le CDP de Russie adopte une déclaration de souveraineté, effaçant la prédominance de l'Union soviétique sur les entités locales.

Bien que par le référendum du 17 mars 1991, 76,4 % des électeurs approuvent le maintien de l'Union soviétique réformée ; le 12 juin 1991, B. Eltsine remporte, avec 57 % des suffrages, les élections présidentielles en Russie. L'indépendance de la Russie est actée et une nouvelle organisation économique prend place, passant progressivement d'une économie centralisée et planifiée

(« La dictature du centre » selon Eltsine) à une économie de marché.

Face au séparatisme croissant, M. Gorbatchev cherche, sans doute trop tardivement, à restructurer l'URSS en un État moins centralisé. Le 20 août 1991, la RSFS de Russie voulait la signature d'un traité permettant la transformation de l'URSS en une fédération de républiques indépendantes, fédération ayant un président, ainsi qu'une politique étrangère et une stratégie militaire communes et sous le contrôle de la Russie. Cependant, les réformateurs les plus radicaux étaient pour un passage rapide et total à l'économie de marché et les nationalistes russes (les patriotes) voyaient, par ce traité, l'affaiblissement de l'État soviétique.

C'est ainsi que le 19 août 1991, le vice- président G. Yanaïev et quelques autres hauts dignitaires et fonctionnaires du régime[42] forment le « Comité général de l'état d'urgence » et organisent un coup d'État pour empêcher la signature du traité. M. Gorbatchev, en vacances en Crimée, est mis en résidence surveillée et privé de toute communication. Le comité interdit toute activité politique et publication de journaux. Devant l'absence de soutien populaire au coup d'État, B. Eltsine, du parlement de la fédération de Russie, le condamne et recueille le soutien du peuple russe. L'armée refuse d'obéir aux putschistes et refuse de prendre d'assaut le parlement. Le 21 août 1991, les organisateurs du coup d'État sont arrêtés et M. Gorbatchev réintègre son poste.

L'effondrement de l'URSS devenait imminent. Le 24 août 1991, M. Gorbatchev dissout le comité central du PCUS, démissionne de ses fonctions de secrétaire général

---

[42] Dont V. Pavlov, premier ministre ; D. Lazov, ministre de la Défense ; V. Krioutchkov, chef du KGB, …

du parti et dissout toutes les unités du parti au sein du gouvernement. L'URSS s'effondre comme un château de cartes ; dix républiques déclarent leur indépendance, dont l'Ukraine. Fin septembre, M. Gorbatchev n'avait plus aucun pouvoir et se retrouvait sans cesse mis au défi par B. Eltsine. Le 8 décembre 1991, les dirigeants de la Russie, de l'Ukraine et de la biélorussie signent les accords de Belaveja, stipulant la disparition de l'URSS et la constitution de la Communauté d'États Indépendants (C.E.I.). Le 12 décembre 1991, le soviet suprême de la RSFS de Russie ratifie ces accords et le 21 décembre les représentants des douze républiques signèrent le protocole d'Alma-Ata confirmant la dissolution de l'URSS.

Le 25 décembre 1991, M. Gorbatchev démissionne de son poste de président de l'URSS et cède ses pouvoirs à B. Eltsine, alors président de la RSFS de Russie. La Fédération de Russie naît alors et devient un État souverain. A la fin de 1991, toutes les institutions soviétiques sont décentralisées au niveau des républiques. Mais, les secteurs stratégiques (armes nucléaires, aviation et marine militaires, industrie spatiale et KGB) restent sous contrôle du Kremlin. Le président de la Russie, B. Eltsine informe l'ONU que la Russie est l'État successeur de l'URSS en son sein, y compris pour son siège permanent au Conseil de sécurité, en vertu du protocole d'Alma-Ata.

La chute des régimes communistes en Europe, l'ouverture du rideau de fer, la chute du mur de Berlin et la dissolution de l'URSS ont eu un impact considérable sur l'équilibre géopolitique mondial.

Avant la fin des années 1980, les deux grandes puissances se faisaient face sans conflits armés directs et définissaient un équilibre stratégique mondial et un partage des zones d'influence.

Tableau 7 : L'équilibre mondial

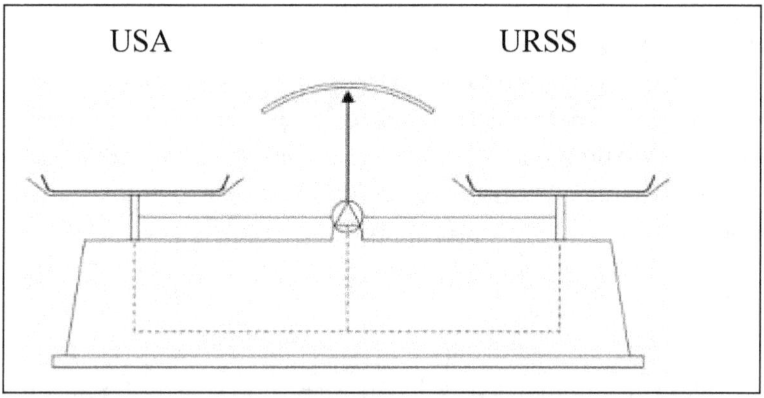

La fin de l'URSS consacre l'hégémonie américaine tant sur le plan militaire qu'économique et financier. Il ne reste plus qu'un modèle « triomphant », l'économie de marché. Les USA tentent d'imposer au monde son système politique (démocratie) et son modèle économique et social (modèle libéral) avec une monnaie mondiale (le dollar). L'Europe, prise dans la mouvance d'un capitalisme dominant, n'a pas voulu jouer un rôle déterminant. Elle devait construire l'Europe de Paris à Vladivostok et elle s'est arrêtée aux portes de la Russie. D'ailleurs, trente ans après la fin de l'URSS, V. Poutine a déclaré que « cet événement a été la plus grande catastrophe géopolitique du XXème siècle ».

Pourtant, la deuxième guerre du Golfe aurait pu réveiller l'Europe qui finalement s'est soumise aux USA. La deuxième guerre du golfe. Cette guerre a fait suite à la mission de l'ONU en Irak pour son désarmement, notamment l'élimination des armes de destruction massive supposées détenues par ce pays. Cette mission a été votée à la demande des Etats-Unis et de la Grande-Bretagne le 8 novembre 2002. Toutefois, des oppositions très nettes avaient marqué les discussions préalables au conseil de sécurité de l'ONU entre deux groupes de pays défendant des axes stratégiques : D'une part, l'axe de la guerre mené par les Etats-Unis et la Grande-Bretagne et rassemblant de nombreux pays[43] insiste sur la nécessité d'une guerre afin de détruire les armes de destruction massive et de lutter contre le terrorisme[44]. D'autre part, l'axe de la paix (France, Allemagne et Russie) souhaite exploiter les moyens pacifiques afin de régler le différend C'est ainsi que D. de Villepin, ministre du Président J. Chirac, soutenait que « L'intervention militaire serait la pire des solutions ».

Cependant, les Etats-Unis et la Grande-Bretagne décident d'attaquer l'Irak le 20 mars 2003, sans l'aval du conseil de sécurité, constituant ainsi une violation de la charte des Nations Unies. Dans de nombreux pays européens et notamment dans les pays de l'axe de la guerre, la population manifestait contre toute intervention militaire en Irak. Selon Noam Chomsky, ce fut « La première fois dans l'histoire occidentale qu'une guerre impérialiste suscite une telle opposition avant même qu'elle n'ait été lancée »[45]. Cette guerre contre le terrorisme (Irak et Afghanistan) a permis à l'administration Bush de promouvoir son image de « patriote » et de « défenseur de la nation », mais les conditions et objectifs de la guerre en Irak ont été réfutés par diverses enquêtes ultérieures, notamment sur l'existence d'armes chimiques.

Cet événement diplomatique et militaire aurait pu donner à l'Europe l'occasion de créer un contrepoids face aux Etats-Unis au niveau mondial et de ressouder le

---

[43] Portugal, Danemark, Pologne, Hongrie, Tchéquie et le groupe de Vilnius

[44] Les Etats-Unis soupçonnaient Saddam Hussein d'être en relation avec O. Ben Laden, réfugié, selon la CIA, en Afghanistan après les attentats du 11 septembre 2001.

[45] Noam Chomsky, hebdomadaire New Statesman, le 8 mai 2008.

continent européen, devenant ainsi la première force mondiale sur bien des points. Il est clair que les Etats-Unis en avaient compris le danger et qu'ils ont poussé à cette division.

La Russie voit alors son influence se réduire dans les divers espaces géographiques :

- La Russie tente de maintenir son influence dans l'espace post-soviétique. Des conflits armés se succèdent en Ossétie (1991-1992 et 2008), Dniestr en Moldavie (1992), Abkhazie (1998), Géorgie (2006), la Crimée et le Donbass en Ukraine depuis 2014.

- La Russie perd de son influence militaire à l'extérieur, notamment en Afrique subsaharienne où l'URSS était positionnée, en Asie centrale, guerre d'Afghanistan (1979-1989). L'URSS avait justifié son intervention en 1979, en Afghanistan par la volonté de préserver le régime communiste en place et par l'objectif de maintenir la paix en Asie centrale. Mais, cette intervention rentre dans un contexte de guerre froide avec les Etats-Unis qui finissent par soutenir et fournir des armes aux talibans. Après de lourdes pertes humaines (entre 20000 et 50000 soldats tués) et matérielles, pendant ces dix années de guerre, M. Gorbatchev décide de retirer les troupes soviétiques le 15 février 1989, suivant un processus de retrait d'un an. Dans les années 1990, la guerre civile entre les mouvements, notamment les moudjahidines afghans et les islamistes veulant faire de l'Afghanistan un État islamique, respectant la charia et au centre de la guerre sainte (jihad) contre l'occident, a conduit les Etats-Unis à intervenir sur le territoire afghan, jusqu'en 2021. La défaite de l'URSS face aux afghans est considérée comme hautement symbolique et symptomatique de sa chute définitive.

2.3 - L'éclatement de la Yougoslavie

La Yougoslavie est souvent associée au nom du Maréchal Tito[46]. Pendant la seconde Guerre Mondiale, il crée des milices pour s'opposer à l'occupation allemande et représente de ce fait à la fois l'autorité militaire (Maréchal Tito, chef de la résistance) et l'autorité politique (Président du comité national). En 1945, la Yougoslavie devient une fédération de six républiques[47]. A sa tête, Tito est président du gouvernement, puis président de la République en 1953. Il est élu par le parlement fédéral Président à vie le 16 mai 1974.

Le maréchal Tito poursuit constamment, pendant cette période d'après-guerre, deux objectifs, à savoir : d'une part, sa volonté d'indépendance nationale vis-à-vis des différents blocs (politique de non alignement) et, d'autre part, sa volonté de renforcer le pouvoir fédéral de la Yougoslavie dont l'intégrité est menacée par les forces nationalistes séparatistes.

La mort de Tito, le 4 mai 1980, est souvent considérée comme le détonateur de la dissolution du pays, ou du moins de la renaissance des tensions ethniques qui y ont conduit. Dès le début des années 1980, les albanais du Kosovo revendiquent l'autonomie de leur province créant des tensions très fortes entre les serbes et les albanais. En 1987, S. Milosevic arrive au pouvoir en Serbie et étend son contrôle sur les deux provinces ainsi que sur le

---

[46] De son vrai nom Josip Broz est né en Croatie dans une famille de paysans pauvres. Engagé pendant la première Guerre Mondiale, il est enfermé pour ses idées pacifistes. Dans les années 1920, il se rapproche des bolchéviques, adhère au parti communiste et s'engage dans les luttes sociales dans différents pays.

[47] Les six républiques sont : La Bosnie-Herzégovine, la Croatie, la Macédoine, le Monténégro, la Slovénie et la Serbie, constituée de deux provinces : la Voïvodine et le Kosovo

Monténégro. Les tensions vont alors s'accroître sur l'ensemble du territoire yougoslave où cohabitent les diverses populations.

Divers éléments vont amplifier les tensions :

- La constitution yougoslave de 1974, accordant plus d'autonomie et de représentativité aux provinces, a créé chez les serbes, le sentiment d'une « Serbie affaiblie ».

- L'autonomie du Kosovo, où les albanais sont majoritaires, a froissé le sentiment national serbe puisque cette province est considérée comme le « berceau de la nation serbe ».

- Les républiques les plus prospères (Slovénie et Croatie) souhaitent plus de décentralisation et de démocratie et finalement recherchent leur indépendance.

- La Yougoslavie doit faire face à un lourd endettement et à une corruption intérieure.

Le 12 mars 1991, le chef de l'armée yougoslave, K. Kadejevic, déclare qu'un complot étranger se met en place pour détruire le pays en encourageant la guerre civile entre les diverses populations de façon à favoriser une intervention étrangère pour rétablir l'ordre. Les républiques, désireuses d'indépendance, sont ainsi considérées comme des outils de l'Occident pour éviter l'émergence de la « grande Serbie ».

Ainsi, l'explosion de la Yougoslavie devenait inévitable et ne pouvait se réaliser que par la guerre tant l'éloignement des visions entre les diverses populations était important. La Slovénie et la Croatie proclament leur indépendance le 25 juin 1991 impliquant une réaction immédiate de la fédération yougoslave. L'armée se dirige le 26 juin 1991 vers la Slovénie. Le gouvernement slovène prend alors des mesures visant à contrôler l'aéroport de

Ljubljana et les frontières avec les pays européens[48], tandis que le peuple élève des barricades face à l'armée yougoslave. Dans le même temps, l'UE fait pression sur les deux pays pour mettre en place un moratoire de trois mois sur leur indépendance (Accord de Brijuni du 7/7/1991). L'UE défend alors les droits à l'autodétermination des peuples tout en contraignant l'armée yougoslave à se retirer de la Slovénie.

L'analyse du général Vincent Desportes[49] affirme que le modèle d'armée, issu de la Guerre froide, était maintenant complètement désuet. Ce modèle reposait sur trois instruments, à savoir :

- La dissuasion nucléaire avec ses différentes composantes ;

- Les moyens destinés aux opérations extérieures en Afrique et au Moyen Orient ;

- Un corps d'armée « capable d'arrêter un flux blindé soviétique ».

La chute du mur de Berlin et la dislocation de l'Union soviétique conduisent au constat suivant :

- Les armées françaises se battront désormais à l'extérieur du territoire national ;

- La professionnalisation de l'armée est nécessaire même si elle coûte plus cher qu'une armée de circonscription ;

- Le développement de matériel militaire de haute technologie est nécessaire pour faire face aux nouvelles menaces.

---

[48] Italie, Autriche, Hongrie

[49] V. Desportes (2021), « Reconstruire la défense du territoire », Revue de la Défense Nationale, Esprit Surcouf, n°837, février

Cependant, les Présidents N. Sarkozy et F. Hollande ont acté leur allégeance aux Etats-Unis et réduisent alors considérablement les forces de nos armées. « Le modèle est donc celui de la dissuasion nucléaire, réduite mais maintenue, et d'un corps expéditionnaire à trois composantes - terre, air, mer – apte à mener à bien des engagements interarmées mineurs, mais incapable de conduire des opérations d'ampleur et même de protéger l'intégralité de l'espace national, qu'il soit terrestre ou maritime ».

Plusieurs problèmes se posent à partir, notamment de 2015 qui ouvre une période d'attentats terroristes :

- Un problème de volume : « Nos forces conventionnelles ont un format inadapté à la montée des menaces et à la guerre qui vient ».

- Un problème de résilience : « La résilience est la vertu capitale des armées qui doivent continuer à opérer dans les pires conditions » et « être dissuasives pour prévenir le danger et être capables de s'engager en force dans un conflit de haute intensité ».

- Un problème de modèle : « La menace terroriste s'est déployée sur l'intégralité du territoire national et pérennisée sous la forme de frappes individuelles imprévisibles ». Cette situation oblige un prélèvement en hommes diminuant d'autant la capacité d'intervention de l'armée française, d'autant plus que ces menaces terroristes ne pourraient que s'exacerber lors d'un conflit majeur.

Dans cet article, le général V. Desportes conclut à la restructuration des forces armées « autour de trois composantes : nucléaire, expéditionnaire de haute intensité avec leur trois dimensions - terre, air, mer - et la défense opérationnelle du territoire ».

Bibliographie :

V. Desportes (2021), « Reconstruire la défense du territoire », Revue de la Défense Nationale, n°837, février.

R. Gangloff (1987), « La tragédie de la ligne Maginot : victoires, résistance et sacrifice des soldats sans gloire », Paris, ed. Albatros, 224 p.

J.B. Merchet (2005), « Les transformations de l'armée française », La découverte, Revue Hérodote, n°116, p.63-81.

H. Ortholan (2012), « La ligne Maginot : conception, réalisation, destinée », ed. B. Giovanangeli, Paris, 303 p.

J.P. Soudagne (2006), « L'histoire de la ligne Maginot : France 1940 », Histoire et collections, Paris, 81 p.

P. Truttmann (2009), « La muraille de France ou la ligne Maginot : la fortification française de 1940, sa place dans l'évolution des systèmes fortifiés d'Europe Occidentale de 1880 à 1945 », Ed Klopp, Thionville, 447p.

J.B. Wahl (2013), « 200 kms de béton et d'acier, la ligne Maginot en Alsace », Ed. Klopp, Thionville, 359 p.

Les stratégies françaises et européennes
Dans un monde sous tension

Depuis le début des années 2000, l'environnement international se tend. De multiples facteurs, de différentes natures, expliquent ce regain de tensions entre les pays, les régions et les continents. Ces facteurs sont d'abord politiques (opposition croissante de certains pays : Chine, Russie) à l'impérialisme américain, lutte idéologique entre les pouvoirs autoritaires et les démocraties occidentales). Ils sont ensuite économiques (mondialisation des économies, concurrence exacerbée entre les pays dans la recherche de ressources et de débouchés, maîtrise des technologies, explosion des inégalités entre les pays et entre les catégories sociales sur un territoire). Ils sont également d'ordre sociétal ou culturel (individualisme croissant, communautarisme, affrontement des convictions religieuses et montée du terrorisme).

Ce regain de tensions s'est brutalement accéléré en 2014 en Europe avec l'annexion de la Crimée par la Russie et la pression croissante sur le Donbass. Ces prémisses d'une invasion de l'Ukraine n'avaient suscité aucune riposte d'envergure de l'Europe.

§ 1 – L'environnement des stratégies politico-militaires

De nombreux conflits viennent ébranler l'équilibre mondial. Le plus sensible, pour le monde occidental, est le conflit en Ukraine. Toutefois, d'autres sources d'instabilité existent et ne font qu'amplifier les tensions.

1.1 – Des conflits majeurs dans le monde

Même si la guerre en Ukraine concentre notre attention actuellement, de multiples guerres locales, de durées plus ou moins longues, sont l'expression de la montée des tensions dans le monde.

Le Yémen est le territoire de guerre de deux puissances régionales, à savoir l'Iran et l'Arabie Saoudite. Il est le théâtre d'une catastrophe humanitaire puisque ¾ de la population aurait besoin aujourd'hui d'une aide humanitaire ou de protection pour leur survie (plus de 250 000 morts en onze années de guerre).

L'Éthiopie doit également faire face à une guerre civile opposant des groupes ethniques depuis novembre 2020. Elle est le terrain d'atrocités et de famines répétées (plus de 2.5 millions d'enfants souffrent de malnutrition).

De même, la Syrie a basculé dans une guerre civile depuis une décennie. Même si le président Bachar El Assad a reconquis, avec son armée et le soutien russe, une grande partie du territoire syrien, la résistance au pouvoir persiste dans certaines régions et le conflit qui a fait déjà un demi-million de morts est loin d'être terminé.

En Afrique, les groupes djihadistes sèment la terreur dans certaines régions de différents pays comme le Mali, le Niger, le Burkina Faso, le Congo et le Mozambique. Au Mali, le retrait des troupes françaises et l'arrivée des milices russes Wagner n'ont guère amélioré la situation.

L'Afghanistan est encore en proie aujourd'hui aux conflits de groupes religieux (Talibans contre Al Qaïda) et à une crise humanitaire due aux sanctions et à l'isolement imposés par de multiples pays.

Le Myanmar (ex Birmanie) est également une région en proie à des tensions politiques et ethniques. Suite à un coup d'État, l'armée a pris le contrôle du pays en février 2021. En réaction, une désobéissance civile s'est organisée. Mais elle est durement réprimée et la situation peut s'assimiler à une véritable guerre civile. Outre les 15 000 morts pendant ce conflit interne, ¼ de la population aurait besoin d'aide humanitaire.

Des violences récurrentes existent également entre le Pakistan et l'Inde, entre l'Inde et la Chine, sans oublier les déchirements internes comme en Lybie. Ces conflits ou tensions vives ont fait, en quelques années, des centaines de milliers de morts, liés directement aux combats ou indirectement en subissant les conséquences des guerres.

1.2 – Le conflit ukrainien et ses conséquences immédiates

Alors pourquoi la guerre en Ukraine focalise-t-elle toute notre attention ? La raison la plus évidente vient du fait que la guerre est aux portes de l'Europe occidentale, qu'elle éclate 30 ans après le conflit des Balkans et 78 ans après la fin de la seconde Guerre Mondiale. L'Europe avait donc oublié l'idée même de guerre. Le conflit reprend l'allure d'une guerre froide entre le bloc occidental et la Russie qui agite, en denier recours, son arme nucléaire, si l'Europe et les Etats-Unis interviennent de près ou de loin dans la guerre russo-ukrainienne.

Cependant, l'agression militaire russe contre l'Ukraine, du 24 février 2022, a produit de multiples répercussions politiques en Europe occidentale. Elle a d'abord eu pour conséquence l'expression d'une volonté de différents pays de mieux se protéger face à la politique expansionniste russe ; la peur restant un accélérateur de convergences. Trois pays (Ukraine, Moldavie, Géorgie) ont posé très rapidement leur candidature à l'Union européenne. Le Danemark a adhéré à la politique de sécurité et de défense commune (PSDC). Enfin, La Suède et la Finlande ont mis fin à leur neutralité, posant leur candidature à l'OTAN qui reste l'instrument majeur de la coordination militaire et de la défense de l'UE.

L'émergence de la Communauté Politique Européenne (CPE), après l'invasion russe de l'Ukraine, est définie par E. Macron le 9 mai 2022[50] à l'occasion de la journée de l'Europe. Le premier sommet de la CPE s'est tenu à Prague le 6 octobre 2022. Il a réuni 44 États européens, dont certains de l'ex-URSS (Ukraine, Moldavie, Géorgie Arménie et Azerbaïdjan). La CPE a pour objectif de créer un pôle politique européen autonome autour de valeurs communes. La finalité est donc de rassembler les États européens pour contribuer à la sécurité, à la stabilité et à la prospérité de l'Europe autour de valeurs démocratiques. Cette instance permet d'isoler la Russie qui a transgressé les fondamentaux du droit international, sur le plan européen mais aussi international.

Le sommet de la CPE avait une double tâche, à savoir :
- de définir les moyens de soutenir économiquement, politiquement, financièrement et militairement l'Ukraine dans la défense de son territoire ;

- d'aborder les problèmes économiques liés à la crise énergétique, due à « l'embargo »[51] sur les importations européennes de gaz et de pétrole russe, de façon à élaborer une attitude commune face à la Russie.

La CPE crée un front européen uni face à la violation par la Russie du droit international et des frontières d'un

---

[50] Coïncidence, la fin de la seconde Guerre Mondiale est célébrée en Russie le 9 mai.

[51] Pendant les 100 premiers jours de guerre ukrainienne, la Russie a exporté 93 milliards d'euros d'énergies fossiles vers l'Europe. A la fin octobre 2022, les pays de l'UE importaient encore 1.5 million de barils de pétrole russe par jour. Certains pays avaient accru leur demande d'énergies fossiles comme la Hongrie, mais aussi la France.

État souverain. Elle écarte définitivement V. Poutine de l'ambition de créer d'une nouvelle architecture de sécurité européenne, permettant d'affaiblir les relations UE / OTAN[52]. Mais attention, ce front commun crée de l'autre côté une convergence d'objectifs, certes conjoncturelle, entre la Russie et la Chine. Il repousse la Russie vers la Chine qui elle-même conteste l'ordre international libéral et les démocraties occidentales, rentrant en confrontation quasi permanente avec les États-Unis.

1.3 – Les différentes sources d'instabilité dans l'équilibre mondial

L'ordre mondial apparaît aujourd'hui fracturé par des confrontations tant au niveau régional qu'international, ce qui limite la liberté d'action de la France et de l'Europe. Le monde semble entrer dans une spirale de tensions dont la partie visible est le conflit militaire russo-ukrainien. Mais, il faut intégrer au-delà la volonté ouverte d'opposition au système occidental sans cesse développé par la Chine. A ces crises politico-militaires s'ajoutent également les tensions liées à la pandémie, aux dérèglements climatiques et aux mouvements migratoires.

Le développement de la menace et de l'arme nucléaires remet en cause les cadres internationaux de surveillance et de non-prolifération des armements. Dans les principaux pays détenteurs d'arsenal nucléaire, la République Populaire de chine entretient une croissance quantitative et qualitative de son stock d'armes. De même, des puissances régionales (Iran ou encore Corée du Nord) cherchent à profiter des tensions internationales (durcissement des postures militaires et développement des capacités de déni d'accès) pour développer leur production et les essais des

---

[52] L'Europe se contenterait-elle d'être simplement un vassal militaire des États-Unis ?

vecteurs d'armes nucléaires (missiles balistiques et de croisière, drones, ...).

Ces puissances régionales, au proche et au moyen Orient s'enhardissent avec la déstabilisation de l'environnement régional (Iran, Syrie). Les modifications, voire les renversements, d'entente ou d'alliance entre les différents pays affectent bien évidemment les intérêts stratégiques de la France et de l'Europe.

Les Balkans constituent également une zone de fragilisation des stratégies politiques et économiques européennes. Ces pays sont divisés vis-à-vis du bien-fondé de l'invasion russe en Ukraine et des politiques de sanctions menées par l'Europe. La Serbie, candidate à l'Union européenne et pas membre de l'OTAN, a refusé de prendre des sanctions contre la Russie, mais a condamné l'invasion russe de l'Ukraine en votant la résolution des Nations Unies. Au Monténégro, les serbes ont soutenu ouvertement la Russie en manifestant dans les rues, alors que les croates s'enrôlaient par centaines pour rejoindre les forces ukrainiennes. C'est en Bosnie-Herzégovine que les tensions ont été les plus fortes entre serbes et bosniaques, soutenant ou la Russie ou l'Ukraine. En Croatie, le président M. Milanovic avait déclaré, le 25 janvier 2022 avant même l'invasion russe, que la Croatie ne participerait pas à une présence militaire en Ukraine et que les tensions à la frontière russo-ukrainienne étaient une conséquence de la politique intérieure des Etats-Unis. C'est pourquoi la mission militaire EUFOR a doublé, dès l'invasion russe, ces forces dans les Balkans en passant de 500 à 1000 hommes.

La mouvance djihadiste internationale pose également un défi sécuritaire à l'Occident, et, en particulier, à l'intérieur des frontières de l'hexagone et à l'extérieur dans les pays liés aux stratégies de la France. Dans de nombreux pays musulmans d'Afrique, d'Orient et d'Asie qui entretiennent des relations étroites avec les pays occidentaux, les gouvernements doivent faire face à une montée des tensions internes, politiques mais aussi militaires par des courants islamistes, visant à déstabiliser les pouvoirs en place. Dans bien des cas, le terrain est propice à cette montée du terrorisme qui est en partie expliquée par la défaillance de la gouvernance du pays, par un niveau de corruption élevé, par des inégalités sociales très importantes, mais aussi par un modèle politique, économique, voire culturel, imposé par les occidentaux qui rentre en opposition avec le fonctionnement traditionnel des pays concernés.

D'autres problèmes viennent s'ajouter et aggravent les tensions internationales :

- L'énergie se retrouve au cœur des crises militaro-politique. La guerre en Ukraine montre que le pouvoir politique d'un État est renforcé par les dotations en ressources énergétiques. La détention des ressources en énergies fossiles par la Russie et la dépendance des économies européennes vis-à-vis de ses ressources lui confèrent une puissance politique et économique difficile à contrecarrer. De même, les routes d'approvisionnement (gazoducs et oléoducs) apparaissent très vite comme des points sensibles difficilement contrôlables Enfin, les terminaux d'approvisionnement peuvent eux-mêmes se situer sur des terrains de guerre ce qui accroît l'insécurité de l'approvisionnement.

Le 26 septembre 2022, les deux gazoducs Nord Stream 1 et 2, reliant la Russie à l'Allemagne et alimentant l'Europe en gaz, font apparaître d'importantes fuites de gaz. Cet incident arrive un jour après l'ouverture de la voie alternative « Baltic Pipe » traversant le Danemark. Le Danemark et la Suède ont conclu très rapidement que ces fuites avaient été créées par des actions délibérées de sabotage[53]. L'Ukraine a déclaré qu'il s'agissait « d'une attaque terroriste planifiée par la Russie et d'un acte d'agression contre l'Union européenne », ce qui a été immédiatement réfuté par la Russie. Les États-Unis ont toujours montré leur hostilité à ces gazoducs Nord Stream. D'ailleurs le Président Biden a déclaré le 7 février 2022 que « Si la Russie envahit l'Ukraine, alors il n'y aura plus de Nord Stream 2. Nous y mettrons fin, …, nous sommes en mesure de le faire » [54]. D'autant plus que les États-Unis bénéficient pleinement de cette situation puisqu'ils répondent à une demande croissante de gaz liquéfié de la part de l'Europe et de la hausse conjoncturelle des prix du gaz sur les marchés[55]. Quoiqu'il en soit, l'impact environnemental de ces fuites est considérable puisqu'il représente l'équivalent des émissions en CO2 de la ville de Paris pendant un an.

- L'alimentation devient également une arme stratégique. L'arrêt des exportations de blé ukrainien, vers l'Afrique ou l'Orient, a conduit au développement de rationnement dans les pays importateurs, de fortes hausses de prix, voire de famines, et a produit des tensions politiques internes graves. Ainsi, dans de nombreux États, la dépendance alimentaire apparaît comme un facteur de déstabilisation politique intérieure ou, à l'inverse, la sécurité alimentaire s'affirme comme un élément de sécurité intérieure.

---

[53] Des tremblements dus à des explosions ont été enregistrés par le Geological Survey of Denmark.

[54] Les Etats-Unis ont déjà détruit le gazoduc soviétique reliant la Sibérie à l'Europe en 1982, et l'oléoduc de Puerto Sandino au Nicaragua en 1983, plongeant le pays dans un état de faillite.

[55] Les importations de gaz de schistes américain par l'Europe ont progressé de plus de 60% en 2022 et le prix du gaz sur le marché mondial a été multiplié par 4, avant de connaître à nouveau une baisse.

Cette condition pourrait être renforcée par un autre déséquilibre venant à la fois de l'accroissement de la population mondiale (augmentation de la demande mondiale de céréales) et de la baisse ou de la variabilité de la production (offre mondiale) de céréales, suite au réchauffement climatique entraînant des sécheresses, des inondations et diverses catastrophes naturelles. Ces évolutions vont nécessairement impliquer des pressions migratoires de l'hémisphère sud vers le nord, imposant une protection militaire et sécuritaire plus forte.

- La pandémie (Covid-19) montre également que les pays européens doivent changer de stratégie économique et renforcer leur indépendance vis-à-vis de pays, notamment ceux qui remettent en cause notre système économique et politique (République populaire de Chine)[56]. La pandémie a conduit à la fermeture des frontières, des ports commerciaux et au ralentissement, voire à un arrêt complet, des usines, ce qui a provoqué un effondrement des échanges internationaux.

Cet événement majeur a marqué fortement les pays européens qui, d'une part, ont souffert d'un ralentissement des approvisionnements dans leurs chaînes de valeur, stoppant de façon nette la croissance économique et les entraînant dans une récession sans précédent depuis quasiment un siècle (effet de vulnérabilité des économies occidentales) et, d'autre part, de douter sur la capacité des marchés à absorber des chocs stochastiques de forte ampleur et de ramener les économies à l'équilibre (effet de résilience). Cette période a promu l'idée de « démondialisation » et interrogé sur le mouvement de

[56] Si 60% des échanges commerciaux de l'Europe se font à l'intérieur de l'Union, le principal fournisseur de l'Europe est la Chine. La Chine est le 2ème fournisseur de la France, derrière l'Allemagne (64 milliards d'euros pour la RPC contre 81 milliards pour l'Allemagne).

mondialisation effrénée et ultralibérale développé depuis le milieu des années 1980.

Selon E. Boulanger et M. Rioux (2021)[57] « La crise de la covid-19 est un moment historique qui ouvre la porte à de nouvelles trajectoires sociales, économiques, voire politiques pour la nouvelle gouvernance globale ».

Les tensions politiques et militaires s'ajoutent à ces incertitudes économiques. Lors des vœux aux armées le 21 janvier 2023, le président Macron a réaffirmé sa volonté de développer une économie de guerre, en demandant aux industriels de « raccourcir drastiquement les cycles de production, (…), de ne pas céder à la sur-sophistication et d'adapter au plus vite nos équipements ». Il assure que « les coûts et la maintenance doivent être réduits par un effort combiné État / industrie ».

Dans ce contexte instable de durcissement des tensions, le monde apparaît aujourd'hui au bord de l'affrontement de haute intensité. Les tensions s'expriment de plusieurs façons :

- Les postures d'intimidation exercées par la Russie en évoquant l'utilisation de l'arme nucléaire dans le conflit ukrainien ou par la Corée du Nord par des essais de missiles balistiques vecteurs potentiels de l'arme nucléaire[58].

---

[57] E. Boulanger et M. Rioux (2021) « La mondialisation face à la crise : l'impact de la covid-19 sur la gouvernance globale », Revue Interventions économiques.

[58] La Corée du Nord s'est retirée du Traité de non-prolifération des armes nucléaires en 2003. Elle a procédé aux premiers essais nucléaires en octobre 2006 et mai 2009. Dans le même temps, elle a développé un programme de missiles balistiques pouvant servir de vecteurs à l'arme nucléaire. Le 31 décembre 2022, la Corée du Nord a tiré trois missiles balistiques de courte portée. Elle serait, depuis novembre 2017 et selon son président Kim Jong-un, devenue un État nucléaire capable de frapper les Etats-Unis.

- Les stratégies agressives impliquant l'utilisation des forces armées pour envahir un territoire proche (forces conventionnelles russes en Ukraine).

- Les actions non militaires comme les cyberattaques, le contrôle maritime ou de l'espace, la manipulation de l'information, …

Les stratégies hybrides portent sur des espaces communs (cyberespace, fonds marins et aéromaritimes et espace) et sont utilisées pour attaquer ou défendre des intérêts stratégiques des pays, notamment occidentaux, dans le cadre de tensions géopolitiques. La cybercriminalité est aujourd'hui très sophistiquée et peut porter atteinte à des services publics (hôpitaux) comme à la sécurité nationale d'un pays. De plus, des armes et des outils de cyber-espionnage sont progressivement développés par des entreprises privées.

A ces tensions, multiples et variées, entre pays s'ajoutent les menaces terroristes à l'intérieur de nos frontières, mais aussi à l'extérieur (ambassade, site stratégique et sites industriels). Face à ces risques terroristes, l'armée française est mobilisée de façon continue[59].

La France veut ainsi se doter des moyens lui permettant de passer à une économie de guerre. De ce fait, elle doit revoir ses positions stratégiques en fonction de ses intérêts immédiats et à long terme, ce qui l'oblige à se repositionner dans les nouveaux espaces de conflits (Europe de l'Est) au détriment d'anciens espaces qui n'apparaissent plus comme des priorités (exemple : Mali).

---

[59] Cf. L'opération Sentinelle lancée en 2015 : 10 000 hommes (dont 3000 réservistes) sont déployés de façon permanente pour répondre à des besoins de protection générale de la population sur le territoire français.

« Elle entend ainsi œuvrer à l'appui du renforcement de la souveraineté de ses partenaires pour consolider la stabilité et la sécurité des régions concernées »[60]. Mais, l'OTAN reste le fondement et le cadre de la sécurité en Europe qui apparaît aujourd'hui bien dépendante sur le plan militaire des Etats-Unis.

§ 2 – Les piliers et les fonctions de la défense française

Les piliers essentiels et les fonctions stratégiques de la Défense Nationale seront successivement présentés.

2.1 – Les piliers de la Défense Nationale

La défense des intérêts de la France repose sur quatre piliers essentiels, à savoir :

- Le renforcement de son autonomie stratégique : la dissuasion nucléaire reste la clé de voûte de la stratégie de défense de la France, en cas d'attaque majeure de notre territoire national. Ces forces nucléaires (aérienne, océanique et aéronavale) doivent être articulées avec des forces conventionnelles, dont le dimensionnement et l'équipement doivent être nécessairement adaptées à la montée des tensions mondiales. Les moyens de la dissuasion restent adaptés à une multitude de situations par la complémentarité et les atouts des différentes forces, permettant un haut niveau de flexibilité et de réactivité. Cependant, l'autonomie stratégique ne peut être atteinte que si des facteurs socioéconomiques la permettent. Ces facteurs sont la cohésion autour de l'idée même de nation, l'indépendance économique et industrielle de la France ou à un niveau européen, la sécurisation des approvisionnements notamment en énergies, l'influence internationale du pays, soit au travers des organismes

[60] Cf. Revue Nationale Stratégique, Paris, 2022

internationaux (Conseil de Sécurité des Nations Unies), soit à partir de ses actions socioéconomiques (aides au développement économique et à la recherche universitaire, développement de la culture et de l'éducation) ou politiques (contribution à la stabilisation politique des États, à la création de réseaux nationaux, à la formation de militaires, ...). Le modèle d'armée doit être crédible aux yeux des autres pays.

- Le renforcement de la souveraineté européenne passe par une vision collective et unifiée de notre avenir commun. Ainsi, l'intégration européenne doit être poursuivie afin de donner une culture commune aux différentes nations qui composent l'Europe, sans pour autant détruire les cultures nationales. L'Europe est quelque peu rejetée aujourd'hui par les peuples parce qu'elle s'affiche comme trop libérale, trop soumise aux Etats-Unis. Elle doit donc trouver sa propre voie pour apparaître comme une force politique, économique, sociale et militaire, indépendante. Elle doit donc créer sa propre architecture de défense européenne pour garantir la protection des peuples, des territoires et des intérêts européens contre de potentielles agressions. De même, les différentes nations, constituant l'Europe, doivent avoir une position commune de soutien à l'ordre international fondé sur le respect du droit et le multilatéralisme.

- La consolidation et le renforcement des alliances : la France, seule ou à l'intérieur de l'Europe, est liée par des partenariats ou des accords de défense. La France est donc liée à certains pays ou régions où les tensions entre les États, rentrant en compétition, deviennent de plus en plus fortes. De plus, des groupes non étatiques viennent accroître l'insécurité des ressortissants français sur ces territoires. Les groupes djihadistes peuvent, notamment en Afrique centrale, entreprendre des actions très rapides et très meurtrières. De même, les milices russes « Wagner » peuvent contribuer à déstabiliser l'intervention des forces françaises, ayant pour objectif la stabilisation d'un pays (Mali). Ainsi, la France, qui a pour vocation de concourir à la stabilisation et la sécurisation de ces pays ou régions, se retrouve confrontée à de multiples et diverses sources de tensions.

- Les stratégies des relations internationales sont des canaux de transmission à disposition d'un pays pour assurer, voire développer, sa puissance à l'étranger. J. Nye[61] a distingué trois types de stratégies, à savoir : les stratégies de coercition (le bâton), les stratégies incitatives (la carotte) et les stratégies d'attraction ou de persuasion dites « soft power ». Si la diplomatie traditionnelle (ou d'influence) d'un État est la construction volontaire d'une médiation de la part de l'autorité étatique, la diplomatie publique ou « soft power » résulte également d'actions produites par des acteurs sociaux qui ont une autonomie de décision par rapport à l'État. Il s'entend donc comme l'influence des attitudes du public sur la formation et l'exécution des politiques étrangères d'un pays. Le « soft power » s'étend au-delà de la diplomatie traditionnelle. Il conduit à suivre l'opinion public dans d'autres pays, les interactions des groupes et des intérêts privés, la communication et l'impact de la politique étrangère nationale sur celle d'un autre pays. Trois pratiques de diplomatie publique peuvent être distinguées : 1– Une communication, provenant de l'autorité publique, des décisions de politique étrangère dans la presse et les réseaux sociaux ; 2- Une communication stratégique des pouvoirs publics visant à afficher les priorités publiques et les bases de négociation et de compromis avec les autres pays ; 3- Un développement d'actions matérielles destinées à consolider le « soft power », les représentants

[61] J. Nye (2011) « The Future of Power", New-York, Public Affairs.

de l'État se transforment alors en influenceurs dans les pays étrangers (exemples : associations, enseignants, médecins, …). Ces différentes pratiques visent à créer une image nationale.

Les réseaux sociaux sont devenus très vite, depuis le début du XXIème siècle, le principal canal de la diplomatie publique. Ils permettent, de façon instantanée et non contrôlée, à la fois la légitimation des décisions de politique étrangère, l'information par des récits et des images sur les crises internationales et la diffusion de fausses nouvelles nécessitant de développer des stratégies de contre information. Toutefois, les réseaux sociaux permettent une propagande unilatérale, sans échange d'arguments entre les pays compétiteurs.

A ces quatre grands piliers, supportant la Défense Nationale, s'ajoutent des fonctions stratégiques, primordiales également dans la détermination de l'efficacité et de la crédibilité de nos armées[62].

2.2 – Les fonctions stratégiques de la Défense Nationale

- « La fonction connaissance / compréhension / anticipation » permet le maintien d'une capacité d'appréciation des terrains d'intervention. Cette fonction recouvre cinq domaines, à savoir : le renseignement, la connaissance des théâtres d'opérations, la diplomatie, la prospective et l'anticipation, la maitrise de l'information. Elle est la condition d'une prise de décision souveraine, de l'optimisation des moyens utilisés et finalement, de l'efficacité opérationnelle des forces.

- « La fonction protection / résilience », la capacité de la France à surmonter des chocs de diverses natures, est

[62] Cf. Revue Nationale Stratégique (2022)

indispensable à la protection de la population, des territoires et à la préservation des fonctions de la nation. Cependant, cette dernière peut être rendue vulnérable par des contraintes économiques (approvisionnement en énergies et en biens fondamentaux - médicaments ou leurs composants dont paracétamol – en terres rares ou en semi-conducteurs indispensables notamment à notre autonomie militaire) ou par d'autres actions menées sur le cyberespace par des pays alimentant les tensions. C'est pourquoi les armées sont engagées en permanence dans la protection du territoire (espaces aériens et maritimes) et dans la sécurisation des canaux de communication et des voies d'approvisionnement. Mais, cette fonction doit voir son contenu s'élargir encore par la sécurisation alimentaire, l'assistance aux populations, la sécurisation des zones économiques, la consolidation des systèmes d'information, la prise en compte des menaces nucléaire, radiologique, biologique et chimique (NRBC).

- « La fonction prévention », l'appui de l'armée française à la stabilisation d'États en crise contribue à la prévention de conflits. Ainsi, le pré-positionnement de forces militaires peut jouer un rôle déterminant dans la prévention des conflits. Il permet souvent d'éviter des interventions ultérieures coûteuses. « Gagner la guerre avent la guerre » suppose des dispositifs de coopération de sécurité et de défense, mais aussi la promotion et le respect mutuel d'un cadre de normes internationales limitant les contextes belliqueux.

- « La fonction intervention » recouvre trois objectifs, à savoir : - protéger les ressortissants français à l'étranger ; - défendre les intérêts prioritaires de la France et de ses alliés ; - assumer ses responsabilités internationales et, notamment en tant que nation cadre d'une coalition. Cette fonction conduit à des actions dans des milieux et champs extrêmement diversifiés. Ainsi, les forces armées françaises ont les capacités d'intervenir dans des zones de plus en plus diverses lointaines : la périphérie européenne, la zone Méditerranée / Mer Rouge, en Afrique (Sahel / Afrique équatoriale), dans le golfe arabo-persique et dans l'indopacifique, ce qui montre la capacité de nos armées à intervenir rapidement à des distances très importantes.

§ 3 – Les objectifs stratégiques de la défense française

Le Président Emmanuel Macron a, pendant ses vœux aux armées, affirmé que « après avoir réparé les armées, nous allons les transformer ». Il a encore ajouté : « Nous devons avoir une guerre d'avance pour être prêts à des guerres plus brutales, plus nombreuses et plus ambigües à la fois ».

De ce fait, la France doit avoir pour ambition d'être une puissance d'équilibres sur la scène internationale à la fin de la décennie 2020. Elle doit être capable de jouer un rôle décisif de prévention des conflits et d'influence internationale, mais aussi de faire face à un conflit étatique de haute intensité ou à des stratégies hybrides.

Le modèle, pour la France et ses armées, prévu pour 2030[63] répond à cinq nécessités, à savoir :

- « Être capable de défendre son territoire métropolitain et ultra-marin et de protéger et impliquer ses citoyens » ;

- « Contribuer à la défense de l'Europe et à la stabilité aux abords de la Méditerranée » ;

- « Agir dans le cadre de partenariats équilibrés, pourvoyeurs de sécurité, dans une zone allant de l'Afrique subsaharienne au golfe arabo-persique » ;

- « Contribuer par son influence et avec ses partenaires à la stabilité de la zone indopacifique » ;

---

[63] Cf. La Revue Nationale Stratégique (2022)

- « Assurer sa liberté d'action dans les espaces communs (cyber, spatial, fonds marins et espace aéronautique) et la sûreté de ses voies d'approvisionnement ».

La France a pour ambition de renforcer son rayonnement et son influence, d'être un moteur de l'autonomie de défense européenne crédible, d'assurer la complémentarité de notre défense avec l'Alliance Atlantique et la préservation de mécanismes multilatéraux fondés sur le droit international.

Ainsi, dix objectifs stratégiques ont été formalisés :

- *Le premier objectif stratégique* est « une dissuasion nucléaire crédible et robuste ». L'efficacité d'une politique de dissuasion nucléaire repose sur sa crédibilité politique, opérationnelle et technique. La dissuasion doit intégrer les transformations majeures qui s'affirment dans l'environnement technologique (le développement des capacités des autres pays, la défense aérienne et antimissile, la surveillance sous-marine et de l'espace, les armes hypervéloces, ...) et dans les formes hybrides de conflictualité (environnement informationnel et politique, milices privées et groupes djihadistes peu structurés, ...). Le conflit russo-ukrainien montre l'importance de la dissuasion nucléaire dans la sécurisation de l'espace européen. Cette dissuasion est un moyen « de prévenir une guerre majeure, de garantir la liberté d'action de la France et de préserver ses intérêts vitaux ». Ainsi, le modèle d'armée doit combiner l'efficacité des forces conventionnelles et la robustesse de la dissuasion nucléaire. Cependant, la France continuera son soutien aux actions, menées dans un cadre international, permettant la maîtrise des armements, la non-prolifération des armes de destruction massive et la réduction des risques conflictuels.

Il convient de réfléchir sur la réelle efficacité de la dissuasion nucléaire. Le cadre théorique du dilemme du prisonnier, développé par A. Tucker en 1950, peut apporter un éclairage sur ce problème. Ce dilemme caractérise une situation, en théorie des jeux, où deux parties auraient intérêt à coopérer pour trouver un accord sur un problème qui les oppose. Mais en l'absence de communication, chacun choisira de trahir l'autre, si le jeu n'est pas répété. On peut appliquer ce cadre conceptuel au comportement de deux pays en conflit, pouvant utiliser l'arme nucléaire. Chaque pays a une stratégie non coopérative. Il doit décider sans savoir à l'avance ce que sera la décision de l'autre.

Tableau 8 : Dilemme du pays doté de l'arme nucléaire

	Oui Pays B	Non
Oui Pays A	Conflit nucléaire (3)	Suprématie de A (2)
Non	Suprématie de B (2)	Conflit conventionnel (1)

La rationalité des deux protagonistes les conduit à ne pas utiliser l'arme nucléaire pour des raisons notamment morales et éthiques (1). Toutefois, un pays peut utiliser l'arme nucléaire pour montrer sa suprématie, son adversaire qui a l'arme nucléaire, décide, par conviction, de ne pas l'utiliser (2). Enfin, un conflit majeur éclate avec l'utilisation de l'arme nucléaire par les deux adversaires avec des conséquences humaines considérables (3).

Dans ce schéma à deux pays ayant l'arme nucléaire, il apparaît qu'ils ont intérêt à trouver une solution négociée et donc de tendre vers une stratégie coopérative. Cependant, dès que le nombre de pays augmente, la durée et les coûts de négociation peuvent s'accroître très fortement. L'impact de chacune des positions individuelles devient négligeable et entraîne une paralysie du système de négociation.

Dans le cas du conflit russo-ukrainien, la Russie a entrepris une action militaire conventionnelle extérieure en espérant que sa capacité nucléaire empêche toute intervention extérieure. Actuellement, aucun pays n'intervient directement dans le conflit. Seuls, les Etats-Unis et l'Europe fournissent des armes aux ukrainiens. Toutefois, ce conflit en Ukraine accroît la probabilité d'une guerre nucléaire, surtout si la Russie perdait la guerre ou si d'autres pays intervenaient directement dans le conflit. Il s'agit d'un véritable coup de poker du président Poutine, avec le soutien de la grande majorité du peuple russe, qui peut se transformer en une menace réelle. Si le président n'avait pas le soutien de son peuple, il ne pourrait même pas utiliser la menace nucléaire.

Ainsi, l'arme nucléaire ne maintient pas la paix et peut permettre des conflits conventionnels avec l'utilisation potentielle de l'arme nucléaire. Il est donc urgent de créer, au niveau mondial, un nouveau régime de sécurité stabilisateur pour remplacer le système actuel fondé sur la dissuasion nucléaire

- *Le deuxième objectif stratégique* est « une France unie et résiliente ». Les défis sécuritaires, auxquels nous sommes confrontés actuellement, se sont diversifiés. Ils sont non seulement militaires, mais portent également sur d'autres domaines comme l'information, la prédation des ressources, le changement climatique, l'environnement sanitaire, ... Il est donc primordial de promouvoir l'esprit de défense et d'assurer la cohésion nationale.

La Stratégie Nationale de Résilience définit trois objectifs fondamentaux :

1 – Préparer en profondeur l'État aux crises ;

2 – Déterminer les stocks stratégiques et diversifier les sources d'approvisionnement ;

3 – Favoriser la communication publique aux enjeux de résilience.

Si le but des forces armées est « de préparer et d'assurer la défense de la patrie et des intérêts de la nation », elles contribuent aujourd'hui à la promotion de l'action mémorielle (exemple, fête de la libération) et de l'esprit de défense de la nation auprès des jeunes, notamment élèves et étudiants (Journées de Défense Nationale). De multiples actions sont développées comme la montée en puissance du Service National Universel (SNU)[64], la refondation du système de réserves[65], la rénovation du concept de Défense Opérationnelle du territoire (DOT)[66], la communication sur l'attractivité des métiers des armées.

---

[64] Le gouvernement d'E. Philippe a créé, en 2019, le SNU qui doit être « un moment de cohésion visant à recréer le socle républicain et transmettre le goût de l'engagement, à impliquer la jeunesse française dans la vie de la nation, à promouvoir la notion d'engagement et à favoriser un sentiment d'unité nationale autour de valeurs communes »

[65] La réserve militaire est constituée de citoyens (réservistes), ayant reçus une formation militaire. Ils ont pour fonction de renforcer les forces actives sur le territoire national ou en opérations extérieures (Cf. Partie IV-1).

[66] La DOT est, selon le code de la défense, la participation des armées « au maintien de la liberté et de la continuité d'action du gouvernement ainsi qu'à la sauvegarde des organes essentiels à la Défense de la Nation », c'est-à-dire 1. Protection des installations militaires ; 2. Assurer la protection du territoire national et de s'opposer à un éventuel ennemi à l'intérieur ; 3. Organiser les opérations de résistance militaire en cas d'invasion.

- *Le troisième objectif stratégique* est « une économie concourant à l'esprit de défense ». La nation doit pouvoir mobiliser toutes ses ressources pour passer, si un conflit majeur éclatait en nous impliquant directement, à une économie de guerre. Face à ce contexte, l'industrie a un rôle central à jouer pour pouvoir soutenir un effort de guerre sur une période plus ou moins longue. Elle doit agir sur trois leviers fondamentaux :

1 – La constitution de stocks stratégiques (énergies, matières premières et composants critiques), pouvant être communs (État / industrie), mais sous la responsabilité de l'industrie, pour faire face à une crise majeure ;

2 – La relocalisation de certaines chaînes de productions ou de recyclage[67], essentielles à notre économie et à la population (médicaments, alimentation, vêtements, …) pour remédier aux dépendances et aux insuffisances ;

3 - La diversification des approvisionnements dont l'importance a été montrée par la crise sanitaire mondiale (Covid-19) et par le conflit russo-ukrainien.

- *Le quatrième objectif stratégique* est « une résilience cyber ». Devant l'ampleur et la récurrence des cyberattaques, il est important que l'industrie et l'État français renforcent leur niveau de sécurisation des services numériques. Cette sécurisation doit être traitée au niveau européen, en développant une industrie de cyberdéfense compétitive. Toutefois, la France doit être source de propositions pour l'encadrement du commerce et la non-prolifération des armes cyber au niveau mondial. Il est important également que les différents États mettent en

[67] Les filières de recyclage développent une économie circulaire permettant de réduire les besoins d'approvisionnement tout en contribuant au développement durable.

place « un référentiel commun de gestion des cybercrises et des mécanismes de coopération et d'entraide leur permettant d'éviter les risques d'incompréhension et d'escalade incontrôlée ».

- *Le cinquième objectif stratégique* est « La France, alliée exemplaire de l'espace euro-atlantique ». La capacité d'un pays à peser sur des événements majeurs dans le monde ne peut reposer sur le seul principe de souveraineté. Le principe de solidarité, surtout dans un contexte dégradé, peut permettre à un groupe de pays d'imposer une accalmie, voire une solution, à des tensions vives entre pays ou régions. L'OTAN s'inscrit dans cette logique. Cette organisation est une alliance politique et militaire dont la mission principale est la défense collective d'un groupe de pays face à l'adversité d'un ou plusieurs autres pays. Elle repose sur la clause d'assistance mutuelle inscrite à l'article 5 du traité de 1949. L'OTAN renforce le potentiel de l'ensemble des armées européennes. Si la France doit continuer, par son rôle au sein des structures et opérations militaires, à soutenir l'ensemble des missions de l'Alliance Atlantique, elle entend, de par ses capacités – notamment nucléaires -, influencer les évolutions structurelles du système de l'OTAN. De même si la France souhaite le renforcement du pilier européen de l'Alliance, elle exclut l'extension de celle-ci à d'autres zones géographiques. La solidification et la modernisation du partenariat UE / OTAN doit répondre à l'exacerbation des tensions qui existent aux frontières de l'Europe.

Cependant, cette question de l'intégration à l'OTAN doit encore être débattue. En 1966, le général de Gaulle avertissait le président américain L. B. Johnson que la France « se propose de recouvrer sur son territoire l'entier exercice de sa souveraineté, ... de cesser sa participation aux commandements intégrés et de ne plus mettre de forces à la disposition de l'OTAN ». Cette décision était motivée par « la possibilité que l'Alliance atlantique risque d'entraîner la France dans toutes les aventures où pourront s'engager les USA car, grisés par leur puissance militaire et suivant un chemin habituel, les Etats-Unis entendent faire régner partout leurs conceptions ». Cette indépendance a permis à la France de refuser de s'engager dans la deuxième guerre du Golfe en 2003. Les USA ont considéré que la France avait trahi l'amitié franco-américaine et ont traité la Russie avec beaucoup de mépris. Le « troïka du refus » aurait pu créer un nouvel axe et une chance d'autonomie européenne avec un objectif de rééquilibrage du monde. Le président N. Sarkozy en 2009 a mis fin à l'autonomie gaullienne de la France et accepté son allégeance aux Etats-Unis. Le président E. Macron a invité les autres chefs d'État européens a créé une culture stratégique commune et a considéré davantage la dissuasion nucléaire française dans la défense européenne. Ce point est sensible car l'Europe ne peut avoir une indépendance stratégique tant que des armes nucléaires américaines sont réparties sur le sol européens, constituant notre bouclier de protection uniquement aux mains des USA. Il ajoute qu'il convient « d'assumer davantage cette Europe de la défense » ; la France en a la volonté et les moyens car elle a une situation unique en Europe. Elle est d'une part membre de l'OTAN et d'autre part, a une force nucléaire indépendante et un droit de véto au conseil de sécurité de l'ONU.

- *Le sixième objectif stratégique* est « La France, un des moteurs de l'autonomie stratégique européenne ». L'adoption d'une boussole stratégique au niveau européen en 2022 montre que les pays partagent les mêmes enjeux stratégiques de sécurité. Ainsi, l'Europe doit développer son industrie de défense pour viser son autonomie technologique.

Cet objectif passe par divers canaux, à savoir :

1. L'acquisition conjointe de matériel européen par les pays membres ;

2. Des investissements de défense pour la recherche et le développement de matériels innovants : ce point est important, même dans l'équilibre européen, puisque la France, au détriment de l'Allemagne, deviendrait le « leader » incontesté de la défense européenne sur les plans militaire et industriel.

3. Le renforcement de l'Agence Européenne de Défense (AED) et les organes associés, tels que le Fonds Européen de Défense (FED), la Coopération Structurée Permanente (CSP), Hub for European Defense Innovation (HEDI) ;

4. Le développement d'une communication stratégique européenne (STRATCOM) permettant de positionner l'Europe dans les guerres de l'information sur tous les continents.

La France, par ses capacités et savoirs faire industriels et militaires, peut jouer à l'avenir le rôle de nation cadre au niveau européen. Elle contribue déjà au développement de la protection de l'espace aérien. Par la force de son corps expéditionnaire dans des opérations extérieures, elle est en mesure de développer une capacité de déploiement rapide au niveau européen pour intervenir dans des régions et territoires lointains et sous tensions.

L'initiative Européenne d'Intervention (IEI) est le fondement d'une coopération solide entre les pays membres et d'une culture stratégique commune. L'Union européenne doit rechercher une prise de responsabilité croissante dans la sécurisation de son territoire de façon à faire émerger une Europe souveraine et disposer d'une capacité d'évaluation et d'action autonome pour la défense de ses intérêts stratégiques dans le monde.

- *Le septième objectif stratégique* est « La France partenaire de souveraineté fiable et pourvoyeuse de sécurité crédible ». Dans un contexte de polarisation et de tensions dans des zones multiples, la France doit éviter tout alignement ou marginalisation. C'est pourquoi, elle doit être le fer de lance de la construction de la défense européenne. Cette nécessaire autonomie doit se faire en rassemblant tous les pays membres de l'UE.

Le pôle majeur doit se constituer de la France et de l'Allemagne[68], mais aussi de l'Italie et de l'Espagne, partenaires clés[69] sur les terrains d'opération et en termes de coopérations capacitaires, et de la Belgique, de la Grèce et de la Croatie par le renforcement des partenariats stratégiques et capacitaires par des expériences partagées au Sahel (opération Barkhane et Task Force Takuba). De multiples missions et objectifs nous incombent en tant qu'européens :

1. Contribuer à la stabilité des pays environnant l'UE (Ukraine, Moldavie, Géorgie) par des aides économiques et des programmes de soutien ;

2. Contribuer à la sécurité en Afrique[70] face à la montée des tensions venant de groupes terroristes ou d'influences croissantes de pays étrangers (Russie et Chine) ;

3. Renforcer son implantation de la Méditerranée à la mer Rouge dans le cadre des missions de l'UE et son niveau de coopération avec les pays de la zone, pour

---

[68] Après le Brexit, l'armée française apparaît comme la seule armée robuste et crédible dans l'UE.

[69] Coopération militaire en Méditerranée, Moyen-Orient, Sahel

[70] La contribution doit porter à la fois sur une coopération civile d'aide au développement et à la formation ainsi que sur coopération militaire avec les armées africaines.

garantir sa liberté d'action et ses voies d'approvisionnement ;

4. Renforcer les partenariats avec les pays du Golfe arabo-persique pour contrer les nouvelles ententes stratégiques et l'accroissement des rivalités régionales. Ces partenariats peuvent conduire à des accords de sécurité pour lutter contre le terrorisme, pour fiabiliser les canaux de renseignement et améliorer l'armement des pays partenaires ;

5. Bâtir des partenariats avec les pays de la zone indopacifique (Inde, Australie, Japon, Indonésie, Singapour) pour développer ses capacités d'anticipation stratégique, renforcer sa position politique et militaire et enfin, développer ses partenariats économiques avec l'Association des Nations de l'Asie du Sud-Est (ASEAN).

Toutefois, la France soutient le traité de non-prolifération (TNP) et le contrôle des exportations des armes non seulement conventionnelles mais aussi chimiques, biologiques, nucléaires et balistiques, pouvant entraîner des destructions massives.

- *Le huitième objectif stratégique* est « Une autonomie d'appréciation et une souveraineté décisionnelle garanties ». Dans une période d'exacerbation des tensions entre pays et régions, il est nécessaire de connaître, de comprendre et d'anticiper les intentions des différents pays. Non seulement, les services de renseignement[71] deviennent primordiaux, mais aussi les investissements technologiques, exploitant et traitant les informations recueillies, doivent permettre d'obtenir des supports

[71] Les structures de renseignement sont composées de la Direction Générale de la Sécurité Extérieure (DGSE), la Direction du Renseignement Militaire (DRM) et de la Direction Générale de la Sécurité Intérieure (DGSI)

décisionnels sûrs et dans des délais extrêmement courts. Les services de renseignement doivent ainsi anticiper les crises et les ruptures politiques, technologiques, informationnelles et militaires, dans des zones géographiques de plus en plus larges et dans des champs de plus en plus hétérogènes (menaces hybrides). Les services de renseignement doivent être efficients face au différentes menaces terroristes, NRCB[72], informationnelles, ou encore menace des intérêts économiques nationaux[73]. Ils doivent l'être également, en temps de guerre de haute intensité, pour faciliter la coordination et la réaction des forces armées en opérations. Les services de renseignement, munis de ressources humaines bien formées et ayant une culture commune ainsi que d'outils technologiques fiables et sécurisés, sont un des piliers de la préservation de la souveraineté nationale.

- *Le neuvième objectif stratégique* est « Une capacité à se défendre et à agir dans les champs hybrides ». Les adversaires de la France utilisent aujourd'hui des stratégies hybrides, visant à délégitimer les démocraties, à réduire son potentiel économique et ses efforts de défense de son territoire et de ses intérêts dans le monde. La France doit être capable de riposter à des attaques hybrides

---

[72] Nucléaires, Radiologiques, Biologiques et Chimiques,

[73] L'espionnage a aujourd'hui des formes très diversifiées. Au-delà de l'espionnage traditionnel s'ajoutent les formes technologiques actuelles. Pour exemple, le 2 février 2023, le Pentagone annonce suivre un ballon volant à haute altitude (12 000 m) et en autonomie, au-dessus du territoire américain et de sites militaires sensibles. Le 4 février, l'armée américaine abat le ballon chinois de 60 mètres de haut et pesant plus d'une tonne. La nacelle était chargée de multiples antennes collectant des communications et des renseignements. Les Etats-Unis estiment que le ballon était contrôlé par l'armée chinoise et fait parti d'une flotte naviguant au-dessus de 40 pays sur les 5 continents, à des fins d'espionnage militaire.

« dans le respect des principes et valeurs » que sont les nôtres. De par la boussole stratégique de l'UE et de l'OTAN 2030, la France, en collaboration avec ses alliés et partenaires, peut développer sa lutte contre les menaces hybrides. Trois canaux permettront de riposter à l'adversité, à savoir :

1. Développer une stratégie nationale d'influence sur le long terme pour valoriser les engagements de la France et pour répondre efficacement aux attaques informationnelles de ses adversaires. C'est une nécessité aujourd'hui en Afrique où les tensions avec la Chine et la Russie sont vives. Il est important qu'« une communication stratégique soit déclinée afin de porter un message cohérent, crédible et efficace envers les compétiteurs, les partenaires et alliés et vers l'opinion publique nationale et internationale ».

2. Disposer d'options de réponse diversifiées dans le champ cyber pour lutter contre les manipulations de l'information. La réponse peut aller de la contre-information à des sanctions européennes et poursuites judiciaires, voire à des actions militaires contre des groupes privés et pays, menaçant les intérêts fondamentaux français ou responsables d'atteintes aux droits humains.

3. Protéger les infrastructures de communication sous-marines et spatiales contre des menaces extérieures. Seul le maintien d'une industrie de pointe de production des câbles de communication sous-marins et des opérations spatiales est nécessaire tant au niveau national qu'européen.

- *Le dixième objectif stratégique* est « Une liberté d'action et une capacité à conduire des opérations militaires, y compris de haute intensité, dans tous les champs (multi-milieux et multi-champs) ». L'armée française doit développer ses capacités d'action sur, dans un premier temps, un triptyque « anticiper, détecter et comprendre » les intentions des adversaires qui agissent dans de multiples espaces (terres, mers, air et espaces) et dans divers champs (cyber, informationnel et électro-magnétique) pour « décider, mobiliser et agir » dans des régions différentes et des espaces communs, objets de rivalités et de conflictualités avec d'autres puissances. Les objectifs sont donc :

1. Avoir une capacité autonome d'appréciation et d'analyse pour conforter les décisions politiques et les choix militaires ;

2. Avoir une structure de commandement permanente et déployable tant dans des opérations de défense des territoires et des espaces que dans des milieux plus complexes, en autonomie ou en coalition.

3. Avoir une couverture de protection de nos territoires et de nos intérêts stratégiques en liaison avec les forces intérieures, dans un monde où les tensions s'exacerbent.

4. Développer l'interopérabilité avec les armées des pays alliés ou partenaires en Afrique, au proche et moyen Orient ou en zone pacifique, de façon à décourager ou à contraindre un adversaire.

Pour conclure, reprenons une phrase du Général de Gaulle le 3 novembre 1959 à l'école militaire « Il va de soi, évidemment, que notre défense, la mise sur pied de nos moyens, la conception de la conduite de la guerre, doivent être pour nous combinées avec ce qui est dans d'autres pays. Notre stratégie doit être conjuguée avec la stratégie des autres. Sur les champs de bataille, il est infiniment probable que nous nous trouverions côte à côte avec des alliés. Mais que chacun ait sa part à lui ! Voilà un point capital que je recommande à vos réflexions ».

Il conclut ainsi : « Il n'y a pas de talent, ni de génie militaire qui n'ait servi une vaste politique. Il n'y a pas de grande gloire d'homme d'État que n'ait dorée l'éclat de la Défense Nationale ».

Bibliographie

E. Boulanger et M. Rioux (2021) « La mondialisation face à la crise : l'impact de la covid-19 sur la gouvernance globale », Revue Interventions économiques.

C. Lequesne (2022), « La diplomatie publique au service de l'influence des États », Diplomatie, n°113, janvier/février.

J. Nye (2011), « The Future of Power", New-York, Public Affairs.

Secrétariat Général de la Défense et de la Sécurité Publique (2022), Revue Nationale Stratégique, Paris.

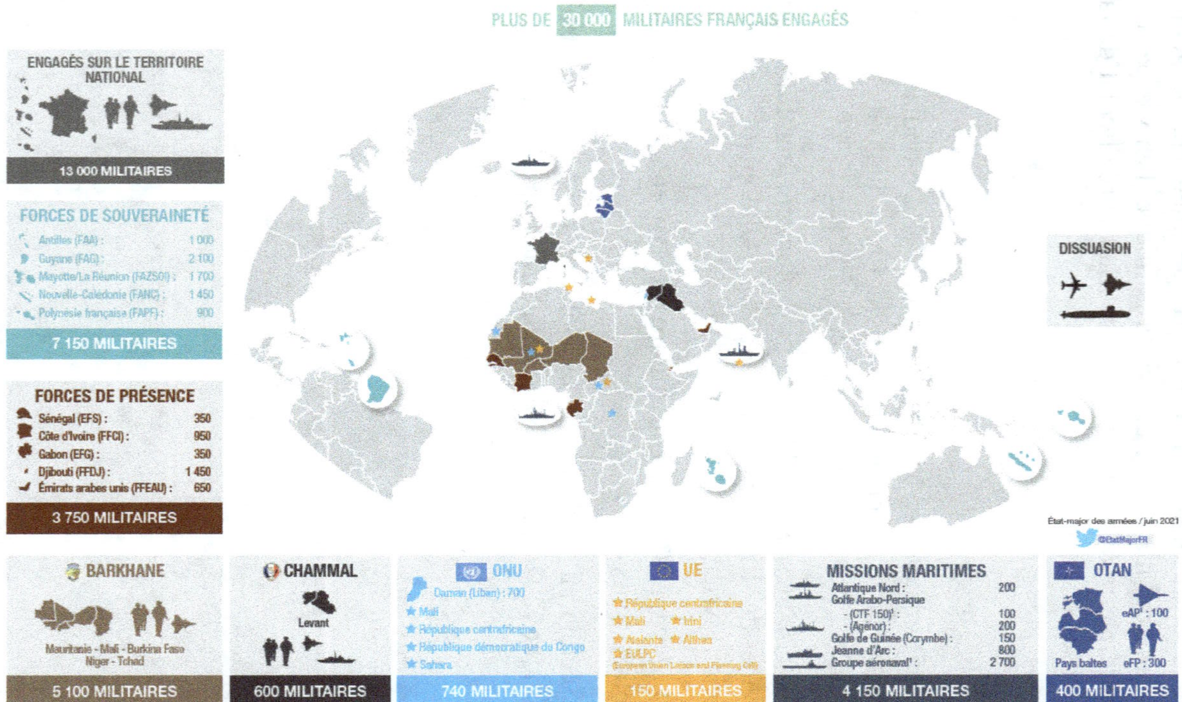

1. *Déploiement non permanent.*

eAP : *enhanced Air Policing* (Police du ciel renforcée) ; eFP : *enhanced Forward Presence* (Présence avancée renforcée).

L'évolution de l'armée française :
Vers une armée robuste et crédible

Après des années de baisse importante du budget de la défense dans les pays européens, les budgets repartent à la hausse depuis 2015. Cette croissance est nécessitée notamment par la guerre en Ukraine, mais aussi des tensions de plus en plus vives dans toutes les régions du monde. L'ensemble des pays européens a consacré plus de 240 milliards d'euros à la Défense en 2017, soit moins de 40% du budget américain et 120% du budget chinois. Trois pays européens, à savoir le Royaume-Uni, la France et l'Allemagne, assuraient plus de 3/5 des dépenses de défense en Europe.

L'effort de défense européenne se structure de trois façons, à savoir :

- La première est la coopération structurée permanente (CSP) [74] dont l'objectif est de renforcer l'implication des États membres en matière de Défense européenne par le développement de projets tant sur terre[75] que dans les airs[76] et dans l'espace[77] ;

---

[74] La CSP regroupe les 25 États membres sauf le Danemark, Malte et le Royaume-Uni

[75] BLOS-Beyond Line of Sight Land,
Battlefield Missile, missile anti-char tiré et conduit avec précision jusqu'à sa cible

[76] Le Tigre : modernisation des capacités de l'hélicoptère ; A400M.ATLAS : avion de transport réalisant les liaisons stratégiques entre l'hexagone et les terrains d'opérations militaires ;
MGCS – Main Ground Combat System- : char franco-allemand
SCAF -Système de combat aérien : avion de combat autonome.

- La deuxième est le Fonds Européen de Défense (FED) qui conduit à un soutien budgétaire des programmes de recherches et de développement dans le domaine de la Défense tout au long du cycle de développement.

- La troisième est l'Initiative Européenne d'Intervention (IEI), lancée par la France le 25 juin 2018 et regroupant 10 pays[78]. Si l'objectif politique est la définition, lors d'une réunion des ministres européens de la défense, des directives annuelles pour la défense ; les objectifs des États-majors des forces armées sont de mieux coordonner leur action militaire et de définir une approche commune des crises (opérations d'évacuation des ressortissants ou opérations militaires de combat)

Il convient d'analyser donc l'évolution de la structure de l'armée française aussi bien en termes de budgets, d'effectifs que de matériels.

§ 1 – La fin du service militaire et la montée de la réserve

La fin du service militaire obligatoire a été décrété en 1997 par le président J. Chirac. La notion de service militaire était inscrite dans le programme d'E. Macron pour le quinquennat 2017/2022. Cependant, depuis quelques années, la montée d'une armée de réserve de volontaires militaires.

1.1 – Le service militaire obligatoire

La conscription universelle (service militaire obligatoire) est instituée par la loi « Jourdan-Delbrel » du 5 septembre 1798. Elle exprime l'idéal révolutionnaire,

---

[77] MUSIS-CSO : mise en orbite de satellites permettant une observation spatiale à partir de moyens communs ;
ATHENA-FIDUS : satellite franco-italien de communication.

[78] Allemagne, Belgique, Estonie, Finlande, France, Pays-Bas, Portugal et Royaume-Uni.

souhaitant que le peuple soit formé de « citoyens – soldats ». Ainsi, la conscription correspondait à la réquisition par l'Etat d'une partie de ses citoyens à des fins militaires. Le passage « sous les drapeaux » permet l'apprentissage des pratiques militaires. Les conscrits viennent en temps de guerre s'ajouter aux forces armées professionnelles du pays.

La forme moderne du service militaire a été définie sous la 3ème République. En 1889, le service militaire devient universel en mobilisant toutes les strates de la population. En 1905, la loi Bertaux le réduit de 6 ans à 2 ans.

La guerre d'Algérie (1954 – 1962) a été le dernier conflit armé, mobilisant les appelés. C'est ainsi qu'un million et demi d'hommes ont été mobilisés, au sein de l'armée française, pour combattre pendant 30 mois.

La loi Messmer de 1965 transforme le service militaire en service national. Il prend alors une forme hétérogène, à savoir : service de défense, d'aide technique, de coopération, … La loi du 10 juillet 1970 réduit encore la durée du service national à 12 mois. De même, la loi Joxe de 1992 le contracte à 10 mois, tout en élargissant son contenu aux services de sécurité civile ou aux services en entreprise à l'étranger.

La dislocation de l'URSS conclut la fin de la guerre froide et impose la professionnalisation de l'armée française[79] Ainsi en 1997, le Président J. Chirac décide de suspendre le service national et de professionnaliser l'armée. La loi du 28 octobre 1997 officialise cette suspension et instaure la mise en place d'un recensement et d'une « journée d'appel de préparation à la défense » (Journée Défense Citoyenneté).

---

[79] Cf. le livre blanc sur la défense de 1994.

Même si le service national était soumis à de fortes critiques : coût élevé, nécessité d'infrastructures importantes, mobilisation des militaires encadrants, inutilité individuelle (perte de temps) et collective (sans ennemi et sans guerre) ; le service national avait pourtant quelques atouts, notamment l'esprit d'engagement vis-à-vis de la patrie, le croisement de populations et de catégories sociales diverses, la concrétisation du rôle de l'armée ...

1.2 – La constitution d'une armée de réservistes

La réserve militaire est constituée de citoyens (réservistes), ayant reçus une formation militaire. Ils ont pour fonction de renforcer les forces actives sur le territoire national ou en opérations extérieures.

La réserve fait donc appel à des volontaires ou à des anciens militaires engagés ou de carrière.

À la suite de la suspension du service national obligatoire et de la professionnalisation des armées, l'État français a également transformé la réserve militaire avec ce même objectif de professionnalisation[80]

La réserve militaire est constituée de deux ensembles :

- La réserve citoyenne regroupe des volontaires en activité. Ils ont alors pour missions de faire connaitre le monde de la défense, d'entretenir l'esprit de défense au sein de la population et de contribuer au maintien du lien entre les forces armées et la société civile. Le réserviste citoyen, par sa position sociale, se met au service de l'armée pour entretenir l'image de celle-ci auprès de la nation. Il œuvre ainsi dans des activités, définies ou agréées par l'autorité militaire : communication, devoir de

---

[80] Cf. les lois d'organisation de la réserve militaire et du service de défense du 22 octobre 1999 modifiée par la loi du 18 avril 2006

mémoire, promotion de la défense et des forces armées. Ces réservistes viennent pour l'essentiel de la société civile, mais aussi de la réserve opérationnelle ou de l'armée d'active.

- La réserve opérationnelle regroupe des réservistes sous engagement à servir la réserve (ESR) et d'anciens militaires restant à disposition des forces armées. Les réservistes sous ESR servent en qualité de militaires pour des périodes de 5 à 30 jours par an, mais pouvant être étendues jusqu'à 210 jours en cas de nécessité opérationnelle. Ces réservistes sont des anciens militaires ou des civils de toutes les catégories professionnelles. A partir de 2016, les réservistes militaires opérationnels ont intégré la Garde nationale. Toutes les composantes militaires de la défense intègrent ces réservistes : Armées de terre, de l'air et de l'espace, la Marine nationale, la gendarmerie, les services de santé des armées (SSA), le service du commissariat des armées (SCA), le service de l'énergie opérationnel (SEO), le service d'infrastructure de la Défense (SID) et la direction générale de l'armement (DGA) (Cf. Tableau 10).

La durée moyenne de réserve opérationnelle pour un contrat d'engagement est de 32.2 jours, à peu près égale dans les trois composantes de l'armée : Armée de terre (33.1), Armée de l'air et de l'espace (33.4) et Marine nationale (32.4). Il est intéressant de noter également le haut niveau de qualification de la réserve. Au total, 21.8% des contrats des trois composantes des armées sont des contrats d'officiers ; la Marine étant la composante la plus qualifiée avec 31.0% de ses contrats.

Ainsi, l'objectif de la réserve est d'engager des civils pour : - Apporter un renfort temporaire aux forces armées, pour la protection de la France ou des missions à l'étranger ; - Dispenser un enseignement de défense -

Servir une entreprise qui participe au soutien des forces armées.

Tableau 10 : Les effectifs de la réserve opérationnelle par armée, direction et service gestionnaire au 31/12/2020

	Officiers	S/officiers	M.du R.	Total
Terre	4 870	6 635	14 259	25 764
Marine	1 668	2 773	936	5 377
Air	1 410	2 328	1 589	5 327
SSA	1 842	2 095	15	3 962
SCA	462	0	0	462
SEO	45	69	84	198
DGA	63	0	0	63
SIO	19	0	0	19
Total	10 379	13 900	16 883	41 162
%	25.2	30.8	41.0	100.0

Source : Secrétariat général de la Garde nationale

§ 2–L'évolution de la structure de l'armée française.

Pour bien comprendre l'évolution de la structure de l'armée française, il faut la comparer à ce qu'elle était tout au long du XXème siècle.

2.1 – L'armée française des deux guerres

Les guerres du XXème siècle ont mobilisé des effectifs importants d'hommes[81]. En juillet 1914, l'armée française compte 800 000 soldats sous les drapeaux et 2,9 millions

[81] La Grande Armée de l'empereur Napoléon I a compté, au début du XIXème siècle jusqu'à 960 000 hommes. Elle parcourait des distances considérables à pied avant d'arriver sur les champs de bataille. Cela nécessitait également une logistique importante permettant d'assurer sa grande mobilité et sa puissance.

d'hommes supplémentaires ont été mobilisés au mois d'Août 1914. L'armée de terre dispose également de 600 000 chevaux et autant de mulets. En quatre années de guerre, l'armée s'est transformée en intégrant un matériel plus technique et plus conséquent :

Tableau 11 : Le matériel militaire en 1914 et en 1918

Canons de 75 de campagne	3 840	5 484
Canons de montagne	120	96
Canons lourds	308	5 000
Canons de grande puissance	-	740
Canons anti-aérien	1	404
Mitrailleuses	5 000	18 000
Camions et voitures	9 000	88 000
Avions	162	3 608

L'entre-deux guerres a vu les effectifs de l'armée française diminuer considérablement jusqu'en 1936, sous l'effet de la montée de la pensée pacifiste, de restrictions budgétaires et de la construction de la ligne Maginot. Ce n'est qu'en 1936, suite à la montée de la menace fachiste en Allemagne et en Italie, que les effectifs militaires progressent à nouveau. L'armée française en 1939 compte 599 570 hommes.

Tableau 12 : Évolution des effectifs de l'armée française de 1920 à 1938.

1920	872 000	1930	550 000
1922	732 000	1932	573 000
1924	642 000	1934	425 664
1926	625 000	1936	512 409
1928	618 000	1938	563 419

Source : Ministère des Armées

L'armée française a ensuite évolué en fonction des conflits armés locaux dans lesquels elle était engagée (guerres en Indochine et en Algérie). Elle se transforme alors progressivement jusqu'à la fin des années 1990.

2.2 – La lente diminution des budgets et des effectifs

La part du budget de la Défense Nationale dans le PIB diminue progressivement au fil des décennies de la deuxième moitié du XXème siècle. Cependant la croissance des « trente glorieuses » étant soutenue, la part décroit sans que le budget de la défense ne soit réduit.

La cassure dans la part des dépenses militaires dans le PIB est nette à partir des années 2000. On assiste alors à une restructuration massive de l'armée française.

En 2008, le livre blanc sur la Défense et la Sécurité Nationale prévoit des coupes dans les effectifs militaires (-17% en 2015 par rapport à 2008) et dans les équipements militaires.

Tableau 13 : Les dépenses en % du PIB 1960 / 2021 et les dépenses hors pensions en milliards d'euros 2007 / 2021

1960	1970	1980	1990	1995	2000	2005
5.4	3.5	3.2	2.8	2.5	2.1	2.0
2007	2010	2015	2017	2019	2020	2021
1.9	2.0	1.9	1.9	1.8	2.0	1.9
29.8	32.1	31.4	32.7	35.8	37.5	39.2

Source : Banque Mondiale

En 2008, l'armée française regroupe alors 131 000 militaires. Les forces terrestres, constituant la force opérationnelle, regroupent environ 88 000 hommes. Cette même année, le nombre de chars de combat est réduit à 240, soit 4 régiments équipés de 60 chars « Leclerc », contre 80 précédemment (soit une baisse de 25 %).

Le livre blanc de 2013 affiche encore des objectifs de baisse des effectifs et des équipements militaires. Les objectifs pour 2025 sont affichés dans le tableau 14 ci-dessous.

Tableau 14 : Objectifs 2025

Militaires projetables (Objectif initial) (Réforme 2015)	66 000 77 000
Chars lourds	200
Chars moyens	250
Véhicules blindés multi-rôles et de combat	2 700
Hélicoptères de reconnaissance et attaque	140
Hélicoptères de manœuvre	115
Drones	30

Source : Livre blanc, 2013

Les objectifs initiaux ont cependant été revus compte tenu des tensions intérieures (attentats terroristes récurrents) et interventions extérieures (Opérations barkanes au Mali).

L'Afrique revêt une importance stratégique pour la France. Les troupes françaises y ont été toujours nombreuses depuis la fin des années 1960.

Les effectifs ont reculé fortement jusqu'en 2012 et sont repartis à la hausse à partir de cette date. En juin 2021, les forces de présence (Sénégal, Côte d'Ivoire, Gabon, Djibouti) regroupaient 3 100 hommes, l'opération Barkhane (Mali, Mauritanie, Burkina Faso, Niger et Tchad) 5 100, les forces ONU en Afrique incorporaient 740 militaires français et celles de l'UE 150.

Tableau 15 : Effectifs militaires français en Afrique

1970	1980	2012	2014	2021
30 000	15 000	5 000	9 000	9 700

Source : Ministère des armées

Toutefois, il est intéressant de noter que la France se retrouve confrontée à deux situations paradoxales, à savoir :

La première situation est qu'elle réduit ses budgets militaires dans les années 2000 et dans la première moitié des années 2010, alors même que les dépenses militaires repartent à la hausse dans le monde (Cf. Tableau 13 ci-après). Les dépenses mondiales de défense s'élevaient à 1186 milliards USD en 2000. Elles atteignent 1389 milliards en 2005 et 1722 milliards en 2010 puis ont tendance à se stabiliser depuis (1789 milliards en 2018, soit + 60% par rapport à 2000).

Le deuxième fait marquant est la concomitance de deux tendances. D'une part, les économies subissent une mondialisation, voire une globalisation, à marche forcée, les conduisant à une interdépendance croissante et, d'autre part, elles dépensent de plus en plus dans leurs stratégies de défense nationale. Les pays se retrouvent donc dans une situation d'interdépendance économique et financière et de compétition exacerbée sur les territoires, provoquant des tensions et des protections accrues[82].

[82] L'exemple le plus significatif dans ce domaine est celui des relations entre la Chine et les Etats-Unis, entre partenaires et adversaires.

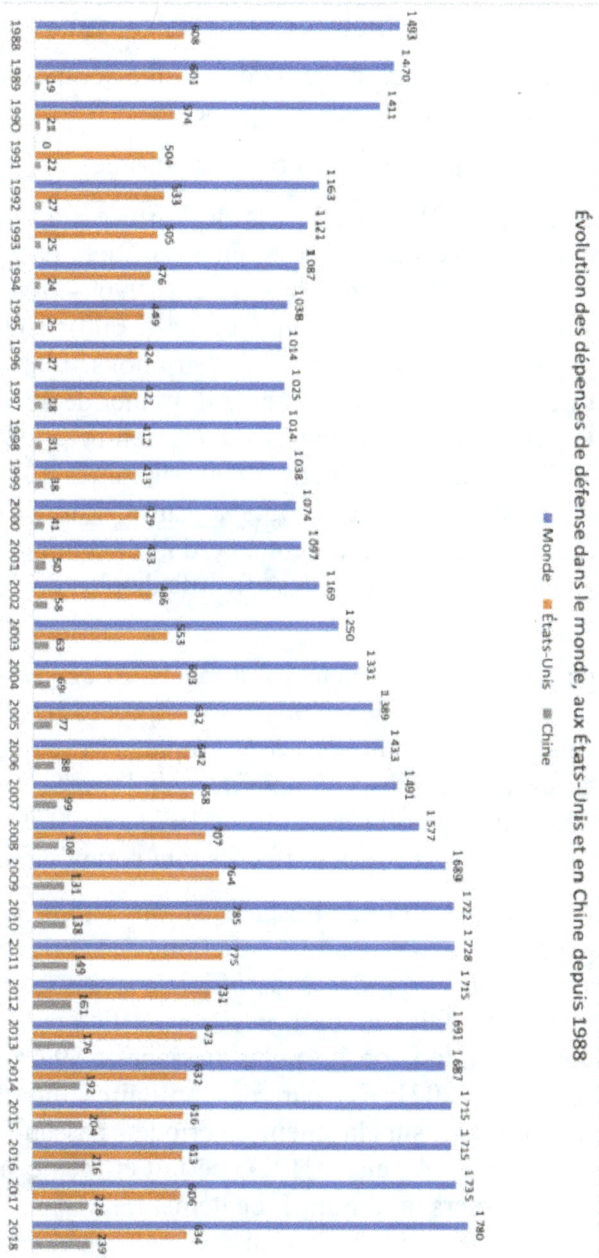
Évolution des dépenses de défense dans le monde, aux États-Unis et en Chine depuis 1988
Monde
États-Unis
Chine

§ 3 – La structure actuelle de l'armée française

Un bilan est fait sur les effectifs de chaque composante de l'armée française et sur leur équipement.

3.1 – L'évolution des effectifs par composante

Entre 2002 et 2021, les effectifs de l'armée française ont littéralement fondu d'un peu moins d'un tiers passant de 280 000 à 191 000 (rappelons qu'en 1996 – fin du service national – les effectifs étaient de 432 000). Toutes les armées ont été touchées par ces restrictions. L'armée de l'air et de l'espace voit ses effectifs diminuer de 30 000 et subit la plus forte réduction (- 42.7%) entre 2002 et 2021. La Marine nationale perd 20 000 hommes ce qui représente une diminution de - 35.8%. Enfin, l'armée de terre, logiquement plus conséquente, perd 38 000 hommes, correspondant à une réduction des effectifs de plus de 25% (Cf. Tableau 17).

La structure par corps de chaque armée s'est également modifiée de 2002 à 2021. Le processus de professionnalisation des armées a été rapide. Le nombre de volontaires, dans les trois composantes de l'armée, s'est effondré passant de 9 500 en 2002 à 1070 en 2021, ne représentant plus que 0.5% des effectifs totaux de l'armée.

Dans l'armée de l'air et de l'espace, si tous les corps de militaires ont subi une forte réduction des effectifs, l'ajustement sur le corps des sous-officiers a été le plus important. De ce fait, la part des sous-officiers dans l'effectif total a diminué de 1.5 point, passant de 59.6% en 2002 à 58.1% en 2021. La part des militaires du rang diminue légèrement sur la même période, passant de 26.0% en 2002 à 24.9% en 2021. De ce fait et même si le nombre des officiers a diminué également, la part des officiers dans l'effectif total s'accroît très nettement (+ 5.6 points) passant de 10.8% en 2002 à 16.2% en 2021. Ce fait montre une montée en qualification de l'armée de l'air et de l'espace (Cf. Tableau 18).

Dans la Marine nationale, le même mouvement est constaté. La baisse des effectifs touche les différents corps, mais elle est beaucoup plus marquée pour les sous-officiers (- 21.2%) sur la période contre -3.2% pour les officiers et – 7.5% pour les militaires du rang. Un processus semblable de montée des qualifications se constate dans la Marine – la part des officiers dans l'effectif total progresse de 2.2 points de 2002 à 2021. Toutefois, la part des militaires du rang progresse de 2.5 points mais leur recrutement se fait en remplacement des effectifs de volontaires (Cf. Tableau 19).

A l'opposé, l'armée de terre qui voit ses effectifs militaires régresser moins vite que les deux autres composantes de l'armée, enregistre une croissance importante des effectifs sous-officiers (+7 900, soit + 26%) et une diminution à la fois du corps des officiers (-2062, soit – 12.8%) et des militaires du rang (- 5 343, soit – 8.0%). Le processus de montée des qualifications est donc moins marqué, puisque la part des officiers dans le total des effectifs baisse de 13.7% en 2002 à 12.3% en 2021 (perte de 1.2 point) ; mais la part des sous-officiers progresse très nettement de 25.6% en 2002 à 33.5% en 2021, soit + 7.9 points (Cf. Tableau 20).

Tableau 17 : Effectifs des Armées de 1996 à 2021

	Armée de terre	Armée de l'air	Marine nationale	Total	Indice 2002	Indice 2016
1996	268 572	93 552	69 878	432 002	ns	Ns
2002	152 634	71 080	56 464	280 178	100.00	149.66
2007	132 439	57 689	41 856	231 984	82.80	123.91
2013	115 004	45 489	36 776	197 269	70.41	105.37
2016	110 502	41 160	35 552	187 214	66.82	100.00
2017	113 483	41 403	36 266	191 152	68.22	102.10
2018	113 880	41 142	36 077	191 099	68.20	102.07
2019	113 726	41 051	35 671	190 448	68.00	101.73
2020	113 864	40 818	35 836	190 518	68.00	101.76
2021	114 106	40 727	36 233	191 066	68.20	102.06
Écarts	- 38 528	- 30 353	- 20 231	- 89 112		
2021/02	- 25.24%	- 42.70%	-35.83%	- 31.80%		

Source : Ministère des Armées (Données brutes)

Tableau 18 : Effectifs militaires par catégories de l'Armée de l'air de 1996 à 2021

	Officiers	S/officiers	M. d R.*	Volontaires	Total	O/T %	S/T %	M/T %	V/T %
1996	7 277	42 813	5 889	32 674	88 646	8.21%	48.30%	6.64%	36.85%
2002	6 974	38 392	16 758	2 225	64 349	10.84%	59.66%	26.04%	3.46 %
2007	7 620	33 982	15 493	594	57 689	13.20%	58.90%	26.85%	1.03%
2013	6 849	26 379	12 112	138	45 489	15.10%	57.98%	26.65%	0.30%
2016	6 299	24 416	10 391	64	41 160	15.30%	59.31%	25.24%	0.15%
2017	6 297	24 662	10 140	304	41 403	15.21%	59.56%	24.49%	0.74 %
2018	6 362	24 363	10 064	354	41 142	15.47%	59.21%	24.46%	0.86%
2019	6 480	24 171	9 996	404	41 051	15.79%	58.88%	24.35%	0.98%
2020	6 502	23 808	10 084	424	40 818	15.93%	58.33%	24. 70%	1.04%
2021	6 600	23 674	10 145	308	40 727	16.20%	58.13%	24.91%	0.76%
Écarts	- 374	- 14 718	- 6 613	- 1 917	- 23 622				
21/02	- 5.36%	- 38.34%	- 39.84%	- 82.16%	- 26.71%	-+ 5.64	- 1.53	- 1.13	- 2.70

Source : Ministère des Armées (Données brutes)

Tableau 19 : Effectifs militaires par catégories de la Marine nationale de 1996 à 2021

	Officiers	S/officiers	M. d R.*	Volontaires	Total	O/T %	S/T %	M/T %	V/T %
1996	4 899	32 530	8 103	17 906	62 383	7.85%	52.15%	12.99%	28.71%
2002	4 961	30 136	7 998	1 775	44 870	11.06%	67.16%	17.82%	3.96%
2007	5 141	27 351	8 036	1 328	41 856	12.28%	65.34%	19.26%	3.17%
2013	4 700	24 240	7 087	749	36 776	12.70%	65.90%	19.27%	2.03%
2016	4 492	23 328	6 870	862	35 552	12.63%	65.62%	19.33%	2.42%
2017	4 467	24 008	6 783	1 008	36 266	12.32%	66.20%	18.70%	2.78%
2018	4 566	23 853	6 775	881	36 077	12.66%	66.12%	18.78%	2.44%
2019	4 636	23 566	7 095	374	35 671	13.00%	66.06%	19.89%	1.05%
2020	4 701	23 695	7 147	293	35 836	13.12%	66.12%	19.94%	0.82%
2021	4 799	23 751	7 393	286	36 233	13.25%	65.55%	20.41%	0.79%
Écarts	- 162	- 6 385	- 601	- 1 489	- 8 637				
21/02	- 3.27%	- 21.19%	- 7.52%	- 83.89%	- 19.25%	+ 2.19	+ 1.66	+ 2.59	- 3.19

Source : Ministère des Armées (Données brutes)

Tableau 20 : Effectifs militaires par catégories de l'Armée de Terre de 1996 à 2021

	Officiers	S/officiers	M. d R.*	Volontaires	Total	O/T %	S/T %	M/T %	V/T %
1996	17 461	56 644	30 202	132 319	236 626	7.38%	23.94%	12.77%	55.91%
2002	16 088	30 365	66 681	5 500	118 634	13.57%	25.60%	56.20%	4.63%
2007	16 350	47 011	67 173	1 905	132 439	12.35%	35.49%	50.72%	1.44%
2013	14 827	39 937	59 618	622	115 004	12.89%	34.72%	51.84%	0.55%
2016	13 701	35 855	60 395	551	110 502	12.40%	32.45%	54.65%	0.50%
2017	13 443	38 073	61 546	421	113 483	11.85%	33.55%	54.20%	0.40%
2018	13 620	38 343	61 484	431	113 880	11.96%	33.67%	54.00%	0.37%
2019	13 741	38 199	61 320	466	113 726	12.08%	33.58%	53.93%	0.41%
2020	13 888	38 053	61 432	491	113 864	12.20%	33.42%	53.95%	0.43%
2021	14 026	38 267	61 338	476	114 106	12.30%	33.54%	53.75%	0.41%
Écarts	- 2 062	+ 7 902	- 5 343	- 5 024	- 4 528				
21/02	- 12.82%	+ 26.02%	- 8.01%	- 91.35%	- 3.82%	- 1.27	+ 7.94	- 2.45	- 4.22

Source : Ministère des Armées (Données brutes)

3.2 – L'évolution du matériel militaire

L'armée française apparaît sous-équipée pour faire face à des combats de haute intensité.

3.21 – L'équipement de l'armée française

Les trois composantes de l'armée française disposent d'un équipement très diversifié, et donc d'un volume qualifié souvent d'insuffisant pour faire face notamment à une invasion puissante et à des combats de haute intensité.

Le classement 2022 des pays les plus équipés en chars de combat nous donne la Russie (7 073), l'Inde (4 840), la Chine (4 800) et les Etats-Unis (2 645). La Russie disposait, avant l'invasion de l'Ukraine, de 10 200 chars[83]. 1 300 chars auraient été perdus en Ukraine, correspondant à 14 brigades blindées ou à la flotte de chars dont disposent le Royaume-Uni, la France, l'Allemagne et l'Italie réunis. L'Europe ne dispose que de 25% du stock de chars lourds dans le monde. La France (50ème) a le même nombre de chars que l'Éthiopie ou le Cambodge.

Ce même classement des pays les plus équipés en sous-marins donne, en 2022, la Corée du Nord (71), les Etats-Unis (67), la Chine (59) et la Russie (51). La France (12ème) n'a que 9 sous-marins, juste derrière le Royaume-Uni et la Grèce et devant l'Égypte et le Viêt-Nam. En rassemblant les sous-marins du Royaume-Uni, de la Grèce, de la France, de l'Italie et de l'Allemagne, soit 36, cela correspond à la moitié des sous-marins nord-coréens.

La position de la France dans le classement des pays les mieux équipés en avions de combat est légèrement plus favorable (15ème) et première en Europe (249 avions). Les Etats-Unis possèdent 3 625 avions de combat, la Chine 2314 et la Russie 1 186. En cumulant la flotte de la

[83] Estimations données par Military Balance 2023.

France, de la Grèce, de l'Allemagne, de l'Italie, de l'Espagne et du Royaume-Uni, nous obtenons 1 292 appareils, soit une centaine de plus que la Russie et 35% du nombre d'appareils américains.

Tableau 21 : L'armement des diverses composantes

Armée de terre	
Chars lourds chenillés de combat Leclerc	222
Chars légers à roues AMX 10 RCR	247
Véhicules blindés de combat /infanterie	628
Véhicules de transport de troupes	2 500
Canons de 155 mm dont Caesar	119
Hélicoptères (Gazelle, Tigre, Cougar, Puma)	265
Systèmes d'armes antichars	1 260
Système d'armes sol/air	196
Drones (nano et micro)	739
Air et espace	
Rafale	98
Mirage (assaut et défense)	113
Avions de transport (Transall, Hercule, …)	69
Hélicoptères (Fennec, Puma, Caracol)	73
Drones Reaper	12
Systèmes d'armes sol/air	20
Marine nationale	
Sous-marins nucléaires lanceurs d'engins	4
Sous-marins nucléaires d'attaque	5
Porte-avions	1
Porte hélicoptères amphibies	3
Frégates de 1er rang et de surveillance	21
Patrouilleurs hautiers	17
Avions embarqués Rafale et Hawkeye	45
Avions de patrouille et de surveillance	35
Hélicoptères de combat et de sauvetage	45
Avions et hélicoptères de soutien maritime	38

Source : Ministère des Armées, chiffres clés 2021

Ces chiffres montrent la démilitarisation actuelle de l'Europe et, dans une moindre mesure, de la France et la militarisation intensive de pays comme la Chine, l'Inde ou encore la Corée du Nord. Les Etats-Unis ou la Russie héritent de leur histoire militaire.

3.22 - Les drones militaires : nouvelle arme décisive

À l'image de la guerre en Ukraine, les drones sont devenus des équipements militaires standards qui peuvent occasionner de lourdes pertes matériels et humaines à l'adversaire. La flotte mondiale de drones dépasserait actuellement les 20 000 appareils, même si elle reste difficile à évaluer précisément, du fait de leur utilisation détournée (drones civils devenant militaires) ou de leur utilisation en divers milieux (drones aériens, terrestres, marins, voire sous-marins). Il apparaît comme la solution défensive et offensive, notamment des « pays pauvres ». En effet, d'un niveau technologique basique et donc d'un coût relativement faible, il permet d'inquiéter des puissances dont la stratégie militaire repose sur du matériel d'un niveau technologique très sophistiqué et donc très coûteux.

Traditionnellement, l'armée de l'air a quatre fonctions, à savoir : le contrôle de l'air, la mobilité, l'attaque stratégique et le renseignement. Les drones reprennent ces fonctions, en développant la mission d'observation et de renseignement. Ils peuvent cartographier en détail le dispositif ennemi en pointant les unités terrestres, les matériels et les systèmes de défense. Ainsi, ils deviennent des armes redoutables de ciblage et de frappe, avec la multiplication des missions de « Strike, Coordination and Reconnaissance » (SCAR) au-dessus des espaces d'actions militaires.

Les drones ont non seulement des effets militaires, mais aussi psychologiques dans les forces adverses. Dans le domaine militaire, les drones peuvent être des armes efficaces :

- La multiplication des drones et leur utilisation, plus ou moins intensive, par l'adversaire nécessite une meilleure connaissance et une plus grande anticipation des actions menées par les belligérants sur le champ de bataille.

- Une stratégie hybride, associant les forces traditionnelles et les drones, permet d'atteindre l'ennemi sans recourir à la mobilisation de tous les moyens militaires traditionnels.

- Les drones peuvent inverser les rapports de forces entre les belligérants. L'utilisation de matériels légers et peu coûteux impose à l'ennemi l'utilisation intensive de moyens de sécurisation et de défense sophistiqués avec des coûts d'utilisation extrêmement lourds.

- Ils peuvent causer la destruction de systèmes « sol-air », ne pouvant pas détecter leurs tirs, mais aussi des matériels militaires (blindés, véhicules lourds et légers) et des réserves stratégiques (stocks de munitions et de carburants), voire évidemment le ciblage d'individus occupant une place stratégique dans l'organisation ennemie[84].

Sur le plan psychologique, les effets sur l'adversaire sont également importants :

- Les drones déstabilisent la puissance de feu de l'adversaire et augmentent l'incertitude et l'anxiété des combattants au sol qui ne les « voient » pas.

---

[84] Les drones Bayraktar TB2, utilisés par les ukrainiens, ont infligé des pertes importantes aux troupes russes, malgré l'importance de leur couverture aérienne.

- L'utilisation intensive des drones permet de faire peser sur l'ennemi une menace disproportionnée sur les terrains d'opération. Ils créent une menace visant à user d'abord psychologiquement l'adversaire et lui faire redouter le combat.

- L'utilisation des drones minimise les implications humaines. La perte d'un drone est beaucoup moins pesante que la perte d'un avion et de son équipage.

- Les états-majors, notamment américains, reconnaissent la difficulté, voire l'incapacité de repousser ce type de menace. Par exemple, le 28 février 2022, six drones ukrainiens ont violé l'espace aérien de la fédération russe. Un drone s'est écrasé à 75 kms de Moscou, près d'un site militaire et d'autres dans le sud de la Russie (Régions de Belgorod et de Krasnodar). De même, un drone aurait été aperçu auprès de Saint Pétersbourg à 1000 kilomètres de Kiev. Les experts militaires estiment qu'il s'agit soit de vols de reconnaissance, soit de test des défenses antiaériennes russes de la part du commandement ukrainien. Quoiqu'il en soit, les drones représentent une menace imprévisible.

Une guerre d'engagement des forces traditionnelles, et notamment des troupes, suppose une capacité de renseignements et d'anticipation de la part des états-majors. Les drones permettent d'améliorer cette capacité en favorisant la décentralisation des initiatives sur le terrain (l'information donnée par le drone est quasi instantanée), en créant et développant la menace et la confusion dans les rangs ennemis, et en agissant de façon plus instantanée et donc plus imprévisible. L'utilisation des drones, à côté des troupes, permet de renforcer la mobilité de celles-ci sur le terrain, tout en réduisant les marges de manœuvre de l'adversaire.

Ces faits conduisent à plusieurs conclusions, à savoir :

- L'utilisation des drones, civils ou militaires, sur les champs de bataille ont créé une rupture dans les stratégies de défense des pays occidentaux qui étaient basées jusqu'alors sur la supériorité matérielle. Or, il est quasiment impossible, dans l'immédiat, de contrer ce type de guerre à distance, de surcroît peu coûteuse pour ceux qui l'utilise.

- Les drones accélèrent l'intégration multi-milieux et multi-champs dans les forces armées en développant une capacité d'information quasi instantanée, d'anticipation des actions de l'ennemi et d'augmentation de la mobilité des forces et de l'efficacité des opérations menées.

- Les drones créent une réelle division des forces aériennes entre une composante pilotée pour les missions de contrôle de l'air et de frappe à longue distance (avion de chasse) et une composante pilotée à distance, notamment pour des frappes à plus courte distance, mais aussi pour des missions d'observation et de renseignement sur les capacités militaires et les manœuvres de l'adversaire.

- La France doit élargir l'utilisation des drones armés qui sont, pour l'instant, utilisés dans des opérations de contre-terrorisme définies comme « High Value Target », pour une utilisation plus systématique sur les théâtres d'opérations militaires.

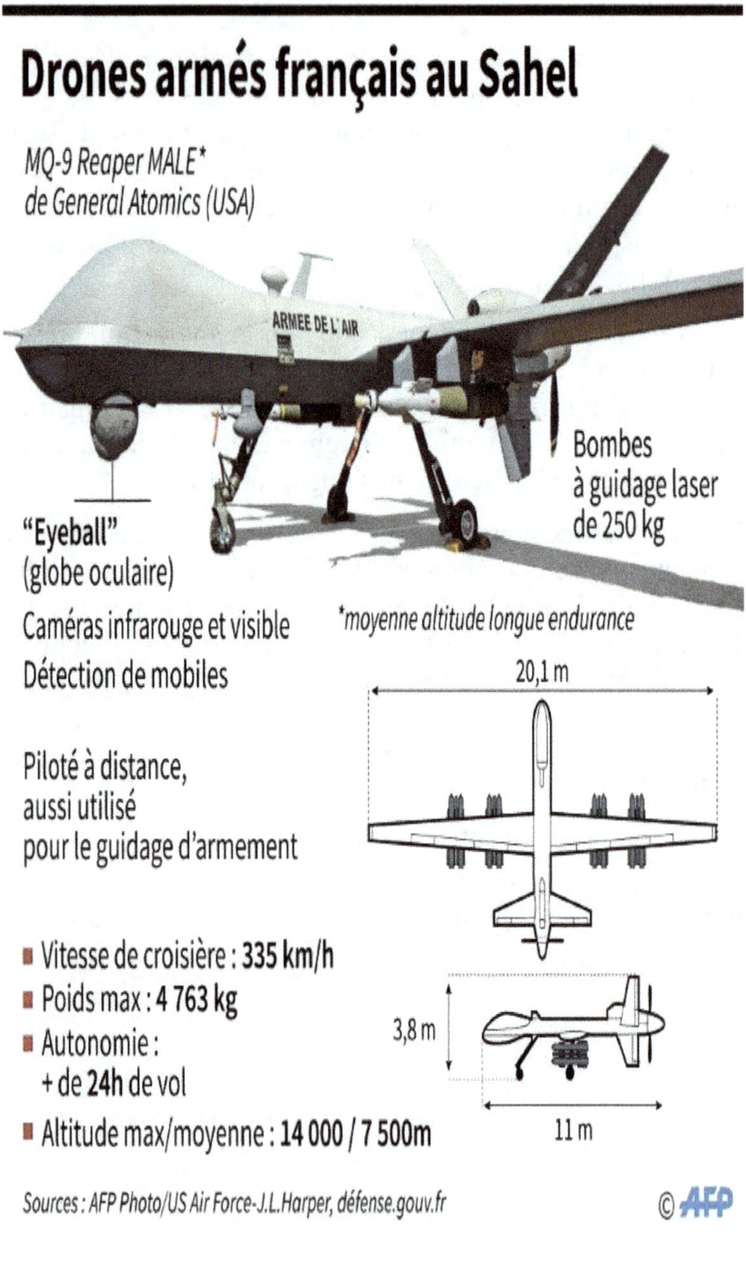
Drones armés français au Sahel
MQ-9 Reaper MALE*
de General Atomics (USA)
ARMEE DE L'AIR
"Eyeball"
(globe oculaire)
Caméras infrarouge et visible
Détection de mobiles
Bombes
à guidage laser
de 250 kg
*moyenne altitude longue endurance
20,1 m
Piloté à distance,
aussi utilisé
pour le guidage d'armement
Vitesse de croisière : 335 km/h
Poids max : 4 763 kg
Autonomie :
+ de 24h de vol
Altitude max/moyenne : 14 000 / 7 500m
3,8 m
11 m
Sources : AFP Photo/US Air Force-J.L.Harper, défense.gouv.fr
© AFP

Postface

Les enseignements de la guerre en Ukraine

Général 2s François Chauvancy

Le retour de la guerre sur le continent européen a rappelé douloureusement aux démocraties occidentales que l'agression militaire était redevenue une éventualité crédible dans les rapports interétatiques. Jusqu'à présent, la guerre contre le terrorisme islamiste, notamment dans sa dimension militaire, avait engagé les armées d'une manière salutaire préservant partiellement leurs capacités. Conséquence des attentats de 2015, la nécessité de protéger la nation, y compris sur le territoire national, a limité la désagrégation de l'armée, progressive et voulue jusqu'à cette période par les adeptes politiques des dividendes de la paix. Les chefs d'état-major successifs ont réussi en parallèle à préserver tant bien que mal une armée « complète », mais aux capacités « échantillonnaires ». La guerre de haute intensité n'est plus une hypothèse éloignée et chimérique mais une éventualité à préparer sans renier le capital humain, tactique et matériel acquis dans la guerre contre-insurrectionnelle. Au début de cette seconde année de guerre, les enseignements sont déjà nombreux et sources de remises en question notamment pour la France. A condition de prendre en considération l'ensemble des enseignements et pas seulement ceux qui favorisent le complexe militaro-industriel français, la loi de programmation militaire (LPM) en gestation devrait être l'un des outils pour préparer l'éventualité d'une guerre future… et de ne pas la perdre.

§ 1 - Quelques enseignements géopolitiques de la guerre en Ukraine

Les enseignements de ce conflit sont certes loin d'être tous tirés mais au moins trois points géopolitiques importants apparaissent. Une vision politicienne à court terme a affaibli gravement la capacité des États européens à assurer une défense dissuasive contre l'agression oubliant la pertinence de la devise romaine « Si vis pacem, para bellum ». Les dépendances économiques sinon juridiques ont accentué ensuite nos vulnérabilités et entravé la prise de décision. Enfin, la notion d'alliance mérite d'être réappréciée à sa juste valeur, les États-Unis n'ayant pas d'amis, seulement des intérêts (Charles De Gaulle).

1.1 - Le désarmement européen

Depuis la dissolution de l'URSS (26 décembre 1991), les dirigeants occidentaux ont à assumer une lourde responsabilité dans la construction de nos vulnérabilités. Leur aveuglement pourrait se résumer à ces fameux « dividendes de la paix » énoncés par Laurent Fabius alors Premier ministre (1990). Seules les menaces récentes des États autoritaires ont imposé aux occidentaux, hormis aux Etats-Unis, l'augmentation de leurs capacités militaires. Ainsi depuis plusieurs années, les budgets de la défense s'accroissent pour atteindre ou dépasser les 2% du PIB, longtemps demandés sans succès par l'OTAN, sinon par les Etats-Unis.

Cependant, cela conduira en Europe à une remise en cause de la réalité de la disponibilité des équipements militaires et à un changement d'organisation industrielle afin de pouvoir répondre rapidement aux besoins d'une guerre. Les équipements listés dans les documents spécialisés faisant de tel ou tel pays la Xème puissance militaire sont loin d'être tous opérationnels et l'on découvre dans ce conflit que sur « tant de chars de bataille » annoncés et destinés à l'Ukraine, seule une faible partie est capable d'être engagée immédiatement en opération. La communication politique sur l'envoi de blindés est confrontée à la réalité d'engins indisponibles pourtant identifiés comme étant disponibles dans le corps de bataille. La France découvre aujourd'hui qu'elle ne dispose plus de pièces détachées pour ses blindés comme le char Leclerc imposant une coûteuse revalorisation. Certes la « brigade Combat Team » américaine en cours de montée en puissance découvre aussi que les équipements mis en dépôt en Europe pour gagner des délais de réactivité sont en grande partie hors d'usage.

Quant à la « masse humaine », les États européens peinent aujourd'hui à fournir quelques milliers d'hommes disponibles seulement après un délai important. Dans sa composante européenne, l'OTAN projette aujourd'hui dans le cadre du conflit en Ukraine 8 bataillons à l'Est soit quelque 7 000 hommes. Les Etats-Unis auront projeté quelque 30 000 hommes. Le second échelon en cas d'agression n'est pas évoqué en cas d'élargissement du conflit. 900 soldats allemands ont usé de leur droit constitutionnel pour ne pas servir face à l'Est dans le cadre de la force de réaction rapide de l'OTAN.

Dans un conflit de haute intensité, des effectifs d'active réduits, aux réserves insuffisantes, devront faire appel à la mobilisation sinon à la conscription, signe fort de la volonté d'un pays à se défendre. Un budget alloué à la défense nationale ne suffit pas pour exprimer une réelle capacité à défendre ses intérêts, ses frontières, sa population. Après l'avoir supprimé, l'Ukraine a rétabli le service militaire en 2014, la Lituanie en 2015, la Suède en 2018. En France, le Service National Universel qui suscite l'opposition d'une partie de la gauche, notamment écologiste dans le cadre de sa généralisation, permettrait-il de construire cette résilience que nous envions tant aux Ukrainiens ?

Au-delà même de l'objection de conscience ou de la présence de ressortissants non français sur le territoire national en temps de guerre, la société civile devra non seulement comprendre mais aussi accepter les morts et les blessés. Les réactions d'individualités civiles sur les plateaux de télévision lors de cette guerre en Ukraine montrent cette faiblesse émotionnelle, privilégiant les pertes civiles pour émouvoir et mobiliser oubliant que la guerre n'épargne personne malgré les textes. Les états d'âme des soldats au front et soumis à l'enfer des combats font oublier que le pouvoir politique ou un état-major peuvent imposer sous la forme « d'ordre » aux unités de tenir une position malgré des pertes énormes comme à Soledar en janvier 2023 ou à Bakhmout.

En contrepartie, la société civile doit assurer des droits à réparation suffisants aux combattants tués ou blessés, à leurs familles sans oublier la reconnaissance collective qui leur est due. L'Ukraine sera sans aucun doute confrontée à cette situation de l'après-guerre et à son coût. Les mesures prises en France notamment suite aux deux guerres mondiales ont été significatives pour ne pas laisser des vétérans ou leurs familles en déshérence.

1.2 - La fin de la mondialisation heureuse

Après la pandémie de la COVID qui a montré la fragilité de l'économie mondiale mondialisée et dont les dépendances révélées ont été vite oubliées, la guerre en Ukraine l'a sans doute achevée. La mondialisation « mère de la prospérité » a de fait affaibli les occidentaux, Américains compris. La guerre a profondément aggravé ces dépendances qu'elle a créées, développées, entretenues au détriment des souverainetés nationales. Certes, la souveraineté ne peut pas s'exercer dans tous les domaines. Dans l'esprit de préserver la liberté de décider en fonction de nos intérêts, il s'agit alors de déterminer avec réalisme et anticipation ce qui est essentiel, partageable et à abandonner. La commission d'enquête parlementaire actuelle sur le fiasco du nucléaire en France en est d'ailleurs un parfait exemple. De fait, chacun gardera en mémoire la dépendance coupable et intéressée de l'Allemagne au gaz russe, celle du pétrole russe d'une grande partie des États européens et mis sous embargo seulement au 5 février 2023. La Pologne en bénéficiait malgré sa position antirusse viscérale, mais légitime historiquement, jusqu'à la coupure officielle de l'approvisionnement en pétrole par la Russie le 24 février 2023.

Pendant cette première année de guerre, les oléoducs et les gazoducs de Russie en Europe ont continué de transporter les hydrocarbures. Épargnés par les combats, une partie d'entre eux les font transiter par l'Ukraine (ou la Biélorussie sinon la Turquie), ce qui implique des droits de transit. Les gazoducs Nord Stream I et II contournant l'Ukraine ont été l'objet de sabotages. La pression médiatique pour connaître les auteurs a fait apparaître depuis peu l'hypothèse plausible d'une action ukrainienne non revendiquée mais dont on peut douter qu'elle ait été le fait d'un groupe isolé. Il a fallu un an pour faire cesser l'importation du pétrole russe fourni désormais par l'Inde au positionnement proche de la Russie et nous le revendant sous forme de diésel et de kérosène. De même, la France et nombre d'États sont dépendants pour leurs centrales nucléaires de l'uranium retraité, conduisant les Etats-Unis ou la France à relocaliser cette capacité dont la Russie contrôle treize centres sur vingt.

L'énergie n'a pas été le seul domaine touché. Les terres rares, indispensables à nos technologies, proviennent en grande partie de Chine, non qu'elles soient rares mais parce que nos économies occidentales les ont rejetées car elles étaient trop polluantes. La fabrication des microprocesseurs concentrée à Taïwan et leur importance notamment pour les armements perfectionnés ont incité les occidentaux à relocaliser les usines sur leurs territoires respectifs pour anticiper un contrôle sur l'île par la Chine. La dépendance des microprocesseurs ne sera cependant pas supprimée avant plusieurs années.

Le domaine alimentaire n'a pas été épargné et a impacté nos économies. Les pénuries diverses ont touché les produits de base. Le chantage à l'exportation de blé que ce soit pour l'Ukraine (5ème exportateur) ou la Russie (1er exportateur) s'appuyait officiellement sur l'assistance alimentaire, officiellement pour combattre la famine en Afrique émotionnellement plus mobilisatrice que l'intérêt économique. L'accord provisoire vise essentiellement à assurer des rentrées financières aux deux belligérants tout en permettant à la Russie, second exportateur mondial, de fournir des engrais indispensables à l'agriculture de nombre d'États. Nul doute aussi que les intérêts américains ont été pris en compte alors que les fonds d'investissement américains contrôleraient 30% des terres agricoles ukrainiennes notamment dans la zone occupée par les Russes. Quant à la Turquie, intermédiaire diplomatique mis en valeur par beaucoup dans cet accord, elle est non seulement dépendante du gaz russe - la Russie est son premier fournisseur en gaz -, fournit la Hongrie en gaz par le Turkish Stream construit par Gazprom sous la mer Noire, mais est aussi dépendante à 45% de l'importation du blé russe.

1.3 - Une guerre aux enjeux vitaux pour l'Occident

La géopolitique de ce conflit pour l'instant circonscrit à l'Ukraine a eu pour effet de rappeler que les enjeux pour le monde occidental sont vitaux pour son avenir y compris dans une approche civilisationnelle. Par ses valeurs partagées et notamment rappelées dans le conflit ukrainien, aussi bien par l'Ukraine que par les États qui la soutiennent, la revitalisation du bloc occidental, sinon son réveil, se révèle une nécessité existentielle à travers son organisation sécuritaire mais aussi par son rapport avec le recours à la force militaire.

L'organisation garante de notre sécurité internationale est représentée par l'OTAN qui, miraculeusement ayant survécu à sa mort cérébrale, a montré toute sa pertinence malgré les critiques d'une partie de la classe politique française. L'accueil de la Suède et de la Finlande créera cette sécurité collective, sinon civilisationnelle si jamais ces États arrivaient à rejoindre l'OTAN, lieu de standardisation et d'harmonisation des stratégies militaires occidentales. Leur processus d'adhésion montre en effet la naïveté des traités signés dans le passé qui a permis à la Turquie, État autoritaire, aux relations ambiguës avec la Russie, d'être un acteur de nuisance au détriment de la sécurité de l'Europe. Cependant le pilier européen de l'OTAN n'existera que si l'effort de défense des européens est significatif et capable d'opérations militaires autonomes de haute intensité. Dans ce contexte, la défense européenne a largement perdu de sa crédibilité. Les Etats-Unis ont montré qu'ils étaient indispensables et que les flux d'armement américains créent une nouvelle dépendance. Il sera difficile de s'affranchir y compris par une BITD européenne.

Ce conflit a montré aussi que le recours à la force militaire était une option crédible. Il ne s'agit pas de renier nos principes mais de savoir les associer à une détermination dissuasive que l'OTAN peut et doit incarner. Les retenues occidentales hormis anglo-saxonnes, sont en effet confrontées à un désinhibition d'États militairement puissants rejetant le cadre éminemment juridique imposé depuis 1945 par les occidentaux, y compris dans l'application du droit dans la guerre. Russie, Chine mais aussi Turquie se positionnent comme des compétiteurs à l'affut de nos vulnérabilités et de nos faiblesses. La position de la Chine dans le conflit ukrainien est à ce titre significative bien que son ambiguïté se lève peu à peu avec cette publication le 22 février 2023 de son concept global de paix régionalisant la sécurité internationale et posant indirectement la question de l'avenir de l'ONU, puis de ce soi-disant plan de paix en Ukraine le 25 février. Dans ce conflit, il est de son intérêt d'affaiblir d'abord les Etats-Unis, éventuellement les européens pour qu'ils ne traitent que d'économie et de grands principes, de la Russie afin d'élargir son influence dans l'Est sibérien.

Enfin, le retour de la guerre pose la question de la résilience d'une nation face à une agression. Certes cette problématique ne se pose pas directement à la France qui ne dispose pas d'un ennemi à ses frontières en Europe, ce qui serait éminemment mobilisateur. En revanche, la protection aux frontières de l'Union européenne et la défense de notre souveraineté dans nos possessions lointaines en l'Indopacifique nous imposent d'être capables d'agir dans la durée, avec les moyens notamment humains en adéquation avec le soutien de la nation, sinon des nations européennes.

Pour conclure ce premier paragraphe, il est indéniable que la guerre en Ukraine a révélé l'ensemble de nos faiblesses, sinon de nos vulnérabilités. Cette situation établit les multiples signes annonciateurs d'un grand bouleversement des relations internationales. Nous ne pouvons pas à ce jour en estimer l'ampleur mais il nous concerne directement. En toute état de cause, notre compréhension du monde à venir, notre relation à la guerre seront transformées. Elles impliqueront à la fois des conséquences sur la place géopolitique que le monde occidental, incluant par ailleurs des États asiatiques comme le Japon et la Corée du Sud, veut tenir ou préserver, sur la puissance militaire nécessaire pour affirmer ce positionnement, mais aussi dans le domaine sociétal avec des sociétés peu habituées à l'éventualité d'un conflit militaire pouvant les concerner directement.

§ 2 - Les conséquences militaires de l'aveuglement européen

La guerre en Ukraine a été le révélateur des aveuglements consentis par les européens dans leur conception des relations internationales et de leur sécurité. De fait, le règlement par la force militaire est désormais une éventualité plausible. Remettant en cause la suprématie militaire occidentale, le conflit ukrainien met l'occident face à une guerre de haute intensité éventuelle et crédible, ignorée depuis la fin de la guerre froide. Elle s'intègre désormais dans une stratégie générale faisant appel aux actions indirectes au service de l'hybridité des modes d'action employés.

2.1 - L'instrumentalisation du droit

Le droit devrait tout résoudre alors que le droit sans la force manque singulièrement d'efficacité. La stratégie du non-recours à la force a contribué à affaiblir nos sociétés occidentales qui rejettent la guerre mais se donnent une bonne conscience aujourd'hui en aidant les sociétés civiles en guerre, notamment la société civile ukrainienne. Certes en s'appuyant sur un droit international, conséquence des horreurs de la seconde guerre mondiale, la « philosophie » du non-recours à la force militaire s'est mise en place. Cependant, ce droit international s'est complexifié sous l'action d'États, d'organisations internationales ou d'associations ignorant ce qu'est la guerre, prenant bien souvent leurs désirs pour la réalité malgré des conflits qui pourraient nous (les) concerner directement. Année après année, il a visé à entraver tout recours à la force militaire, hormis sous le contrôle théorique du Conseil de sécurité de l'ONU avec cependant un certain nombre de dérives : Kosovo (1999), Irak (2003), Géorgie (2008), pour n'évoquer que des conflits dans lesquels les européens ont été impliqués.

La perception pacifiste et l'action juridique de nos sociétés n'ont cessé de s'exprimer au détriment de notre capacité à agir militairement si cela était nécessaire et légitime, ce qui peut dépasser le seul concept de légalité. A titre d'exemple, les ONG ayant combattu l'emploi des mines antipersonnel, pendant de nombreuses années, ne manifestent pas aujourd'hui lorsque les Etats-Unis livrent à l'Ukraine des mines antipersonnel (mines claymore) dans la plupart de leurs aides militaires. Les européens désormais concernés par une guerre « à l'ancienne » à leurs frontières sont beaucoup moins regardants sur les moyens à donner pour permettre à l'Ukraine d'être victorieuse.

Les combats en zone urbaine et de leurs effets sur les populations civiles comme à Marioupol ont fait l'objet de multiples dénonciations. Faut-il rappeler que l'article 59 du protocole 1 du 8 juin 1977 additionnel aux conventions de Genève précise qu'il « est interdit aux parties au conflit d'attaquer, par quelque moyen que ce soit, des localités non défendues ». Combattre en ville est donc un choix à la fois politique et militaire, montrant l'instrumentalisation du droit par la propagande notamment dans le conflit ukrainien pour dénoncer les dommages collatéraux causés aux civils. Le court rapport d'Amnesty international ne s'y est pas trompé. Enfin, la discrimination entre combattants et non-combattants s'avère aujourd'hui difficile. Certes, résister à l'agression est honorable mais le faire en civil, renseigner sur l'ennemi avec son téléphone en se déplaçant avec son véhicule civil contribuent au brouillard de la guerre et ne peut que conduire à des réactions violentes d'une force militaire en uniforme.

2.2 - Le retour de la guerre de haute intensité

La guerre de haute intensité a fait son retour bien qu'elle ait été envisagée par les états-majors depuis plusieurs années. Encore fallait-il convaincre les gouvernements plus préoccupés par la politique au quotidien au profit de leurs électeurs et bien sûr éduqués dans la vertu de la négociation permanente, une fin en soi qui amènerait la paix éternelle au profit d'une prospérité économique croissante. La guerre de haute intensité en Ukraine a détruit cette vision idéale amenant la redécouverte de ce qu'est simplement la guerre avec d'ailleurs beaucoup de méconnaissances conduisant à une vision fausse de ce que sont les combats. La perte de l'expérience de la guerre que nos parents et grands-parents connaissaient malheureusement bien pour leur part, y est sans doute pour beaucoup.

Or, sur le plan stratégique, un conflit de haute intensité[85] est avant tout l'affrontement porté à l'extrême par des volontés politiques des belligérants. Il est provoqué par le franchissement – involontaire ou non – du seuil de tolérance d'un des protagonistes au regard d'enjeux majeurs, voire jugés existentiels. La confrontation dépasse le strict périmètre des armées et nécessite la mobilisation durable de nombreuses ressources, donc de sacrifices qui s'accommodent mal des grands principes et textes édictés pendant une longue période de paix sans contact avec la réalité de la guerre. Surtout, un tel affrontement peut générer des pertes

---

[85] Ce paragraphe se réfère à la définition de la guerre de haute intensité telle qu'elle est présentée dans modèle concept d'emploi forces publié en 2021 par l'état-major des armées.

humaines, matérielles et immatérielles élevées pour la nation.

L'Ukraine montre le coût de cette guerre : 750 milliards d'euros estimés pour sa reconstruction, des centaines de blindés détruits chaque mois, des dizaines de milliers de combattants tués de part et d'autre. Un volontaire américain de la légion internationale ukrainienne témoignait qu'à Bakhmout la durée de vie d'un soldat ukrainien était de 4 heures[86]. Des témoignages sont diffusés sur des masses de cadavres de soldats russes. Sur le plan tactique, c'est-à-dire au niveau des combattants sur le terrain, la haute intensité est une confrontation très violente et soutenue entre forces militaires dans tous les champs et milieux (terrestre, maritime, aérien, espace, cyber, information). La guerre de l'information et l'influence sont devenues des éléments de la guerre comme cela avait été conceptualisé dans les armées en 2012. Dix ans après, elles sont devenues une réalité… aux moyens plus que limités.

2.3 - Guerre hybride ou stratégie hybride

Cette guerre en Ukraine qui fait appel aux modes d'actions militaires conventionnels a été précédée et accompagnée de ce que l'on peut appeler la stratégie « hybride ».

Afin de contourner ou affaiblir la puissance, l'influence, la légitimité et la volonté adverses, tout en affirmant sa propre légitimité, la stratégie hybride met en œuvre une combinaison intégrée de modes d'actions militaires et non-militaires, directs et indirects, licites ou illicites, souvent subversifs, ambigus et difficilement attribuables comme les attaques cyber, les mesures

---

[86]Newsweek, https://www.newsweek.com/bakhmut-life-expectancy-near-four-hours-frontlines-ukraine-russia-1782496, 20 février 2023

économiques, la désinformation, la déstabilisation des institutions, les manœuvres d'intimidation, les sabotages non revendiqués, les actions par procuration par exemple par les sociétés militaires privées. Cette approche permet la surprise, facilite l'obtention de gains – politiques, territoriaux, économiques – tant que le seuil estimé par l'adversaire comme déclencheur de notre réaction n'est pas franchi. Elle ne peut se concevoir sans une planification des actions dans le temps, dans les moyens et en synergie les unes avec les autres avec le souci par exemple pour les États autoritaires d'utiliser le moins de violences condamnables ou de ne pas causer de pertes civiles qui puissent mobiliser et susciter l'émotion des opinions publiques occidentales.

La conquête de la Crimée par les Russes en mars 2014 est un exemple plutôt réussi de stratégie hybride : une conquête sans violence, sans pertes humaines susceptibles de créer l'émotion et une mobilisation occidentale violente aboutissant à la mise en place de sanctions économiques aux effets discutables mais c'était le moins que les occidentaux pouvaient faire tout en acceptant le risque de l'adaptation de l'économie russe. Créer la dépendance européenne au gaz russe et contourner le transit du gaz par l'Ukraine par Nord Stream I (2005-2012) et II (2018-2021) sont un exemple dans le domaine économique aux effets désormais connus et relativement efficaces même si la question des hydrocarbures est bien le symbole d'une grande hypocrisie acceptée par nos États, autre réalité révélée par ce conflit. Malgré la guerre, les échanges commerciaux existent sur ce qui nous est indispensable.

La menace migratoire est aussi un mode d'action hybride pratiqué par la Turquie en 2015, le Maroc et la Biélorussie en 2021. Géopolitiquement, la Biélorussie a testé la mise en œuvre des principes de l'Union européenne sur le droit d'asile en poussant quelques milliers de migrants aux frontières polonaises à l'automne 2021 en vue de la déstabiliser. Ce fut un échec mais grâce à la Pologne qui a géré seule ce dossier et a écarté l'influence moralisatrice de l'Union européenne pour préserver à la fois sa souveraineté et sa liberté de décision.

Les conséquences de la guerre en Ukraine pour notre sécurité représentent un défi pour les occidentaux. La défense par les armes associée aux autres instruments de puissance (diplomatie, économie, influence/information, culture) modifie désormais les perceptions de nos sociétés sur leur avenir et leur fonctionnement, que ce soit en interne, en collectif au sein des entités internationales ou bien simplement face à leurs compétiteurs, adversaires ou ennemis futurs. Sur le plan militaire, cela conduit naturellement à d'importants changements, dépendant cependant de facteurs qui ne sont pas militaires ou sécuritaires comme une économie dépendante de matières premières, de l'écologie. Le bilan carbone de la guerre en Ukraine, et donc d'une guerre en général, n'a pas encore été fait…

§ 3 - Une LPM future qui répondrait à la guerre de demain ?

Les enseignements partiels à ce jour de la guerre en Ukraine devraient conduire à une LPM en phase avec la réalité de la guerre. Cependant, une LPM oubliant l'Homme au bénéfice de la haute technologie et du complexe militaro-industriel, en faisant effort notamment sur la dissuasion nucléaire (6 milliards par an) et non sur des forces terrestres, navales, aériennes qui ne sont pas en nombre suffisant, serait une erreur et nous conduira comme souvent à l'inadéquation des moyens à la guerre qu'il faudra faire demain.

3.1 - Des forces terrestres, symboles de la volonté politique par l'engagement sur le terrain

La guerre en haute intensité en Ukraine est significative par sa durée, son intensité meurtrière, ses exigences en équipements et en munitions que nul n'imaginait plus aujourd'hui. Cependant, il s'avère que ce sont les forces terrestres qui portent le poids de la guerre et donc les hommes qui la font.

Sa durée implique une capacité de relève et de re-complètement des unités. Elle montre l'implication nécessaire de nombreuses forces terrestres, capables d'agir en interarmes (infanterie, blindés, artillerie, génie, « dronisation », guerre électronique, transmission et logistique), de s'enterrer, d'agir en mouvement y compris en franchissant des coupures, et surtout de combattre en localité avec le coût humain que cela représente. A moins de refuser le combat en zone urbaine notamment pour épargner les populations civiles et les destructions, la conquête des villes, sujet ancien et non résolu, devra faire l'objet d'une réelle étude de faisabilité militaire et de moyens pour rendre réalisable ce type de mission qui ne peut être écarté alors que la population mondiale est urbanisée à 65%. Il faudra sans doute aussi choisir les villes susceptibles d'être conquises avec quels types d'équipements et combien de soldats. Peut-on imaginer qu'une ville de plus de 100 000 habitants puisse être raisonnablement conquise avec les moyens existants (Cf. Kharkov, Marioupol, Bakhmout, …) ?

En tout état de cause, ni les effectifs de l'armée de Terre, ni d'ailleurs les capacités interarmées ne répondent aux besoins du terrain tels que les combats les ont révélés en Ukraine. Dans les déclarations publiques, la LPM ne sera pas à ce rendez-vous.

Or, seule une force terrestre en nombre suffisant et agissant dans la durée marque politiquement la conquête ou le contrôle d'un territoire comme en témoignent les quelque 2200 km de front en Ukraine (Biélorussie comprise, 910 km). Le feu tue aussi mais, à défaut de munitions produites en quantité, elle peut conduire à l'inaction sinon à la défaite. L'artillerie, les missiles y compris en profondeur compensant le combat au contact sont de nouveau déterminants mais la limitation des munitions fait .de la logistique « munitionnaire » un facteur du succès sinon de la victoire. De fait, disposer de la capacité de les produire dans nos industries d'armement sous de court préavis et en quantité, poursuivre la standardisation des calibres engagée depuis de nombreuses années par l'OTAN, apprendre à gérer les feux et leur précision constituent des urgences. Les Ukrainiens utilisent 5 000 à 10 000 obus d'artillerie par jour (les Russes plus de 20 000), soit 150 000 à 300 000 par mois. Les Etats-Unis en fabriquent 15 000 par mois.

Se pose aussi le coût de l'armement. Par exemple faut-il du blindé lourd compte tenu de son prix (Léopard, 5 millions de dollars) par rapport au coût d'une arme antichar (Missile NLAW fabriqué par Thalès et Saab, 20 000€) ? Comment privilégier la masse, c'est-à-dire un grand nombre de matériels, et ses conséquences sur les effectifs comme en témoigne la guerre en Ukraine ? Les chars de bataille, en cours de livraison, seront-ils aussi performants que nous l'espérons et auront-ils une durée de vie supérieure au combat par rapport aux chars russes ? Leur maintenance notamment électronique sera-t-il possible sans nuire à l'efficacité opérationnelle d'autant qu'en France une grande partie est assurée par les entreprises civiles loin du théâtre d'opération et de ses dangers ? le soutien des forces au contact a été sacrifié par les différentes réformes depuis 2008 en particulier.

3.2 - Une arme aérienne à repenser face à la dronisation ?

Symbole de la suprématie occidentale depuis les années quatre-vingt pour les frappes en profondeur (Le concept Airland battle qui d'ailleurs intégrait la possibilité de l'usage de l'arme nucléaire tactique) puis des opérations menées par les occidentaux, l'arme aérienne, avions ou hélicoptères, a montré ses limites après trente ans de suprématie par l'apport d'un appui indispensable aux forces terrestres. Jusqu'à présent, la destruction des armes sol-air était une priorité de toute action militaire. Or l'efficacité des armes sol-air a interdit le ciel ukrainien aux avions et aux hélicoptères russes pourtant performants. Elle a certes été favorisée par un espace aérien ukrainien qui fait l'objet d'échanges d'information entre l'OTAN et l'Ukraine depuis 2006. Néanmoins, cette situation opérationnelle pose la question du nombre et de l'évolution des capacités militaires à privilégier, y compris au niveau de l'arme aérienne qu'elle se présente sous la forme d'avions ou d'hélicoptères devenus vulnérables. En tout état de cause, l'arme aérienne doit désormais au moins conquérir son propre milieu avant d'apporter un appui-feu aux forces terrestres qui devront elles aussi assurer leur protection sol-air contre tout type d'aéronefs pilotés ou non.

S'ajoute sans doute aussi le rapport coût-efficacité. Hormis certains systèmes comme le Patriot (un missile vaut 3 millions de dollars, un système complet un milliard), un armement sol-air est en général moins coûteux à produire qu'un avion de guerre. Un missile antiaérien portable Stinger coûte 120 000 dollars mais un avion de chasse Rafale 100 millions de dollars hors armement, un F16, 40 millions.

De fait, la « dronisation » dans tous les domaines (renseignement, combat), dans tous les milieux, qu'elle soit militaire ou « civile militarisée », a changé les modes d'action sur le champ de bataille. Elle économise les hommes, est peu coûteuse en proportion du matériel ennemi qu'elle détruit. Elle crée une menace constante pour l'ennemi. Elle est incluse aux plus bas échelons. Les détachements d'assaut russes, l'équivalent d'un sous-groupement interarmes pour agir en localité et en zone forestière, dont la tactique et l'organisation ont été précisées dans un manuel de décembre 2022 intègrent des unités anti-drones au niveau de la compagnie.

Nul doute que la dronisation sera largement intégrée dans les guerres futures d'autant que les robots de combat apparaissent (Eurosatory 2022). Des expérimentations ont lieu associant drones, robots, blindés, humains par exemple aux Etats-Unis ou envisageant un système d'arme comprenant avion piloté et drones (SCAF) avec bien sûr l'apport de l'intelligence artificielle pour assurer l'efficacité de ces nouvelles unités tactiques complexes à venir. Accroître l'efficacité au combat tout en protégeant le combattant humain, sera un enjeu pour les guerres futures mais il faudra imaginer de nouveaux modes tactiques intégrant ces innovations. Le poids des pertes humaines au combat révélées dans la guerre en Ukraine est tel que les grands principes du droit dans la guerre auront peu d'influence face à l'emploi utile et nécessaire de ces innovations dès lors que le combattant humain devient rare et que sa mort a une influence psychologique sur nos sociétés occidentales. Ces armes devront cependant rester non seulement sous l'autorité des opérateurs humains mais aussi ne pas exclure l'engagement physique de l'homme qui le responsabilise dans sa manière de se comporter au combat.

3.3 - Une arme navale peu concernée dans ce conflit mais à renforcer

Les opérations maritimes ont été limitées dans ce conflit. Elles montrent qu'une force navale pouvait être défaite par les missiles et des drones à partir de la terre. En revanche, la capacité de tirer des missiles à distance de sécurité a permis à la marine russe de frapper à distance l'ensemble du territoire ukrainien. Hors conflit, s'ajoute la nécessité pour la France, puissance maritime, d'assurer une présence significative et donc en nombre suffisant de bâtiments en Indopacifique que ce soit pour préserver la liberté de circulation au profit de son économie ou bien simplement pour protéger ses départements d'outremer qui lui donne le contrôle de la seconde superficie maritime mondiale (11 millions de km²). Dans l'éventualité d'être en appui des anglo-saxons face à la Chine, son apport naval peut s'avérer aussi une nécessité géopolitique. La question de la vulnérabilité éventuelle des navires de type « porte-avions », certes nécessaire dans certains types d'engagement, peut désormais se poser face aux missiles hypersoniques et déterminer la composition future de la force navale.

3.4 - Une industrie de l'armement de la juste suffisance

L'industrie d'armement dispose de chaînes de production limitées en temps de paix car, en grande partie appartenant au secteur privé, il ne peut y avoir de production sans commandes. Elle a aussi une lourde responsabilité dans la maintenance des matériels militaires, solution trouvée pour diminuer le nombre de personnel militaire. La guerre en Ukraine a montré l'incapacité à satisfaire les besoins en munitions. Les Etats-Unis ont livré à l'Ukraine plus d'un million d'obus de 155 mm pour l'artillerie. En fonction de l'acquisition nécessaire de machines-outils en nombre insuffisant aujourd'hui, ils visent la production de 40 000 obus mensuels en 2025.La relocalisation d'une usine de fabrication en poudre en France (Bergerac) est un premier exemple pour livrer dès 2025 de quoi contribuer à la fabrication de 95 000 obus par an et répondre aux besoins des armées françaises et alliées. Quant à la maintenance en opération, doutons que, dans un conflit conventionnel, le personnel civil des entreprises vienne en zone arrière des combats pour la maintenance. La manœuvre logistique risque de ne pas être simple.

En outre, les pays occidentaux sont paradoxalement les principaux exportateurs d'armement (période 2017-2021 : Etats-Unis, 1er exportateur, France, 3ème, Allemagne 4ème, Italie 6ème, Royaume-Uni 7ème, Espagne 9ème) mais quant à les employer, ceci est une autre affaire. L'Allemagne est bien le 4ème exportateur mondial d'armement ce qui inclut les chars (2000 Léopards produits dont 1600 exportés en Europe) dont le débat sur leur emploi en Ukraine a été significatif. Effectivement à quoi peuvent bien servir des armes à un pays qui les achète s'il ne peut pas les utiliser en fonction de ses besoins sécuritaires ne pouvant se limiter à la simple légitime défense ?

Certes, la France a compris depuis peu qu'il fallait relocaliser et surtout disposer de l'outil industriel de défense mais les normes et textes européens, tout comme l'investissement « vertueux » ou « vert » pénalisant le secteur de l'armement, entravent cette remontée en puissance, confirmant à nouveau l'action pernicieuse des eurocrates qui, pendant bien longtemps, ont rejeté tout ce qui pouvait concerner de près ou de loin le secteur de la défense.

3.5 - Guerre de l'information, cyberguerres et propagande

Enfin, la guerre de l'information trouve une place de choix que ce soit par l'intermédiaire de la guerre cybernétique, de la propagande, des opérations d'influence sinon les câbles sous-marins et les satellites qui diffusent l'information sous toutes ses formes. Que ce soit dans une stratégie hybride, un conflit de haute intensité ou de contre-insurrection, la lutte informationnelle n'a cessé de prendre une part croissante dans la stratégie des Etats en tant qu'outil à part entière de la conflictualité du XXIe siècle d'autant qu'elle ne cause pas directement de pertes humaines et que sa dimension hautement technologique séduit. La guerre n'est pas une fin en soi mais veut amener une paix différente de celle qui prévalait jusqu'à présent, donc une victoire si cet objectif est atteint.

Le conflit en Ukraine a montré d'une part la propagande ukrainienne associée à la stratégie de communication du président Zelenski. La communauté ukrainienne s'est mobilisée dans les pays occidentaux et portent d'une manière permanente sur les plateaux de télévision les éléments de langage de Kiev. Ce conflit rappelle aussi que le contrôle de l'information sera nécessaire dans une démocratie en guerre. Les huit grandes chaines de télévision ukrainiennes sont soumises à des règles strictes qui peuvent s'appeler « censure ». Elles diffusent toutes le même programme comme l'exige la loi martiale[87], notion sans doute bien éloignée des préoccupations européennes.

Du côté de la Russie, ses médias installés à l'étranger ont été bannis. Sans être en guerre avec la Russie, l'Union

---

87 https://www.lemonde.fr/international/article/2022/10/17/a-la-television-ukrainienne-le-difficile-equilibre-entre-censure-militaire-et-expression-du-pluralisme_6146092_3210.html

européenne a interdit les chaines d'information russes comme Russia Today pour lutter contre la propagande sans toutefois pouvoir les supprimer complètement dans notre monde interconnecté. Cependant, il faut constater que les messages russes ne portent pas compte tenu de leur décalage avec la réalité connue des occidentaux. Ils sont manifestement essentiellement destinés au peuple russe. En revanche, la propagande russe sur la menace nucléaire est largement audible. Depuis le début de l'invasion, elle est évoquée sous des formes diverses que ce soit par l'expérimentation de nouvelles armes (missiles Kinjal, Sous-marin Belgorod équipé d'une torpille à tête mégatonnique), de déploiements de ces armes supposées en Crimée ou à Kaliningrad, ou encore l'occupation de la centrale civile de Zaporidja, pourtant formellement interdite par les conventions de Genève sans oublier les menaces proférées sur les plateaux des chaines officielles russes

Ces remises en cause de notre sécurité que ce soit par les groupes islamistes terroristes ou une armée conventionnelle, éventuellement dotée de l'arme nucléaire, rappellent que les armées restent un élément essentiel de la protection de notre territoire, de notre population, de nos intérêts y compris dans un cadre multinational et éloigné de nos frontières immédiates.

Or, la guerre russo-ukrainienne représente un bouleversement majeur des relations internationales du XXIe siècle. Elle a désagrégé nombre de certitudes de décideurs et des citoyens sur l'avenir de la guerre et surtout sur leur sécurité. Les armées se révèlent comme toujours un vecteur essentiel de la défense nationale. Dès lors les moyens devant lui être consacrés sont à traduire dans une LPM qui devra prendre réellement en considération la guerre telle qu'elle s'est révélée en Ukraine et non seulement les intérêts économiques du complexe militaro-industriel.

Plan détaillé

Index des tableaux

Revue « Marché et Organisations »

Promouvoir la recherche originale sur les relations de plus en plus étroites entre le marché et les organisations. Les acteurs économiques de taille, de puissance et de pouvoir différents dont les intérêts peuvent être convergents, complémentaires ou, le plus souvent, antagoniques, ont tendance à organiser les marchés. La raison du marché, pourtant, est la référence stratégique pour l'entreprise ainsi que pour les institutions publiques de décision économique.

N°6 : Entrepreneuriat et accompagnement. Outils, actions et paradigmes nouveaux, 2008
N°7 : Développement durable des territoires. Economie sociale, environnement et innovations, 2008
N°8 : Développement durable et responsabilité sociale des acteurs, 2009
N°9 : Gouvernance : exercices de pouvoir, 2009
N°10 : Le travail collaboratif. Une innovation générique, 2009
N°11 : Economie sociale et solidaire. Nouvelles trajectoires d'innovations, 2010
N°12 : Relations à la marque et marques de la relation. Regards croisés sur le management relationnel de la marque, 2010
N°13 : Les contrats au service de la recherche ?, 2011
N°14 : Le potentiel économique de l'Afrique subsaharienne, 2011
N°15 : Management de la distribution, 2012
N°16 : Territoire Vert. Entreprises, Institutions, Innovations, 2012
N°17 : Eco-conception, conception et innovation. Les nouveaux défis de l'entreprise, 2013
N°18 : Intelligence économique : entreprises et territoires, 2013
N°19 : La finance globale. Un monde fini, 2013
N°20 : La crise du « développement », 2014
N°21 : La Chine innove. Politiques publiques et stratégies d'entreprise, 2014
N°22 : Go East! Nouvelles Economies de Marché, 2015
N°23 : L'économie du changement, 2015
N°24 : Le temps des artisans. Permanences et mutations, 2015
N°25 : Innovations de proximité et esprit d'entreprise, 2016
N°26 : L'avenir des économies du Maghreb : entre inertie structurelle et envie de rupture, 2016/3 (n° 27)
N°27 : Le sport aux frontières du marché du travail, 2016
N°28 : Dynamiques internationales des entreprises, 2017
N°29 : L'univers du risque, 2017
N°30 : Les petites entreprises dans l'histoire industrielle, 2017
N°31 : Economie sociale et *social business* ? Au défi d'entreprendre et se financer, 2018
N°32 : Éducation et fertilisation des économies africaines, 2018
N°33 : L'entrepreneuriat innovant dans les pays du Maghreb, 2018
N°34 : L'entrepreneuriat scientifique : institutions et innovation, 2019
N°35 : Le champ économique de la culture, 2019
N°36 : Economie sociale et solidaire ? Modèles d'innovation et modes de gouvernance, 2019
N°37 : Rethinking Luxury Business, 2020
N°38 : La santé connectée. Nouvelles technologies et réorganisation des soins, 2020
N°39 : Options stratégiques et systèmes complexes d'innovation, 2020
N°40 : Les services : intégration des systèmes productifs et lien social, 2021
N°41 : Crise pandémique, crise globale. Réalité et controverses théoriques, 2021
N°42 : La crise de la covid-19. Le marché et les organisations en perspective, 2021
N°43 : (Re)faire système. *Bug & reset*, 2022
N°44 : Aléas du marché et management du risque, 2022
N°45 : Le renouveau du transport et de la logistique : les systèmes d'information, 2022
N°46 : Entrepreneuriat et innovation dans l'enseignement supérieur, 2023
N°47 : Le tourisme créatif. Culture, créativité, patrimoine, management, 2023

https://www.cairn.info/revue-marche-et-organisations.htm

Collection « L'esprit économique »

fondée par Sophie Boutillier et Dimitri Uzunidis en 1996

Dernières parutions

► ***Série Economie et Innovation***

T. MICHAUD, *Le projet spatial européen, entre pragmatisme et imagination*, 2020.

J.-P. SCHMITT, N. RAVIDAT, *Management conjoint de la technologie et de la personne. Pour performer et croitre*, 2020.

Y. EL YAHYAOUI, *Economie des plateformes numériques. Captation de la valeur, pouvoir de marché et communs collaboratifs*, 2021.

G. DUTHIL, *Handicap et insertion professionnelle*, 2022.

T. MICHAUD, *La science-fiction institutionnelle*, 2023.

► ***Série Le Monde en Questions***

T. GARCENOT, *La finance contre le dérèglement climatique. Politiques monétaires et enjeux géopolitiques de la finance verte*, 2021.

A. VALLERAY, *Mondialisation mon amour. Avatars d'une utopie*, 2021.

I. BEN ABDELKADER, *La microfinance dans la région du Moyen-Orient et de l'Afrique du nord (MENA). Aperçu global et enjeux actuels*, 2022.

C. GALLOUJ, *Grande distribution alimentaire au Maroc. Acteurs et stratégies*, 2022.

J. PIERRE-JUSTIN VIRAPATIRIN, *La petite économie insulaire de la Guadeloupe. Bilan, enjeux et perspectives*, 2022.

K. ESSAF, *Les Sukuk : aspects théoriques, rendement et risques*, 2022.

C. GALLOUJ, S. GALLOUJ, *Grande distribution non alimentaire au Maroc. GSS, grands magasins, malls, franchises et e-commerce*, 2023.

C. SARI, *Valeur relative de la monnaie et taux de change. Vers la fin de l'étalon dollar ?*, 2023.

► ***Série Krisis***

A. RODRIGUEZ-HERRERA, Travail, valeur et prix. Reprise et clôture d'un débat centenaire (1885-1985) a la lumière des textes marxiens, 2021.

R. DELORME, *La complexité autrement. Une réponse nouvelle à la pandémie et à d'autres phénomènes sociaux complexes*, 2022.

V. YEFIMOV, *L'ordre social monétaire. L'économie discursive défit le courant dominant et l'économie narrative*, 2022.

M. WIELEZYNSKI, *La loi du marché post-esclavagiste. Une approche critique*, 2023.

G. MINART, *Condorcet économiste : un libéralisme économique au service du bien public*, 2023.

► **Série *Clichés***

S. BOUTILLIER, D. UZUNIDIS (dir.), *La Russie européenne. Du passé composé au futur antérieur*, 2008.

R. VOLPI, *La négociation. Pain, paix, liberté*, 2009.

► ***Série Cours Principaux***

R. SANTENAC, *Le cycle des crises financières. Une étude approfondie des causes, des impacts et de la fréquence*, 2020.

B. LANDAIS, *Macroéconomie efficace. Croissance et crises*, 2020.

A. MBULI LANDU, *Le memo d'un comptable. Approche par le SYSCOHADA révisé*, 2021.

M. EL KARRIM, *Introduction à l'économétrie appliquée*, 2022.

Z. FIRANO, *Fondements de la finance de marché. Théories et applications*, 2022.

Y. KEHO, *Introduction à l'économétrie appliquée sous EVIEWS, Rappels de cours et illustrations pratiques*, 2023.

K. AMZILE, *Intelligence artificielle et modélisation du risque de crédit*, 2023.

► ***Série L'économie formelle***

H. AMAAZOUL, *Responsabilité sociétale des entreprises et performance financière. Étude appliquée aux entreprises marocaines*, 2021.

M. BERTONECHE, *Chroniques économiques de notre temps*, 2021.

E. CARREY, H. LANDIER, *Après la guerre contre la Covid : de l'économie financière a l'entrepreneuriat social*, 2021.

J. LATREILLE, *Sale temps pour l'économie marchande*, 2021.

J. LATREILLE, *Escronomistes ! Ces théories qui abîment le monde*, 2022.

M. FOUQUIN, *Dettes publiques à long terme et souveraineté nationale : enseignements des crises du XIIe au XXIe siècle*, 2023.

Structures éditoriales du groupe L'Harmattan

L'Harmattan Italie
Via degli Artisti, 15
10124 Torino
harmattan.italia@gmail.com

L'Harmattan Hongrie
Kossuth l. u. 14-16.
1053 Budapest
harmattan@harmattan.hu

L'Harmattan Sénégal
10 VDN en face Mermoz
BP 45034 Dakar-Fann
senharmattan@gmail.com

L'Harmattan Cameroun
TSINGA/FECAFOOT
BP 11486 Yaoundé
inkoukam@gmail.com

L'Harmattan Burkina Faso
Achille Somé – tengnule@hotmail.fr

L'Harmattan Guinée
Almamya, rue KA 028 OKB Agency
BP 3470 Conakry
harmattanguinee@yahoo.fr

L'Harmattan RDC
185, avenue Nyangwe
Commune de Lingwala – Kinshasa
matangilamusadila@yahoo.fr

L'Harmattan Congo
219, avenue Nelson Mandela
BP 2874 Brazzaville
harmattan.congo@yahoo.fr

L'Harmattan Mali
ACI 2000 - Immeuble Mgr Jean Marie Cisse
Bureau 10
BP 145 Bamako-Mali
mali@harmattan.fr

L'Harmattan Togo
Djidjole – Lomé
Maison Amela
face EPP BATOME
ddamela@aol.com

L'Harmattan Côte d'Ivoire
Résidence Karl – Cité des Arts
Abidjan-Cocody
03 BP 1588 Abidjan
espace_harmattan.ci@hotmail.fr

Nos librairies en France

Librairie internationale
16, rue des Écoles
75005 Paris
librairie.internationale@harmattan.fr
01 40 46 79 11
www.librairieharmattan.com

Librairie des savoirs
21, rue des Écoles
75005 Paris
librairie.sh@harmattan.fr
01 46 34 13 71
www.librairieharmattansh.com

Librairie Le Lucernaire
53, rue Notre-Dame-des-Champs
75006 Paris
librairie@lucernaire.fr
01 42 22 67 13

www.ingramcontent.com/pod-product-compliance
Lightning Source LLC
LaVergne TN
LVHW021231061026
849535LV00008B/3019